REGINE SIGNORINI

LE MIEL SOURCE DE VIE

LES ENCYCLOPEDIES DU MIEUX-ETRE

LES ENCYCLOPÉDIES DU MIEUX-ÊTRE

Cette collection est publiée par le Centre d'Etude et de Promotion de la Lecture.

Conçue par François Richaudeau, elle est réalisée sous la direction d'Annick Lacroix-Desmazes

Ulrich Meyer
en assure les maquettes de reliure et de mise en pages

Annie Herschlikowitz
la fabrication

Yolande du Puytison
les dessins

La responsabilité des titres et intertitres incombe à la direction de la collection

SOMMAIRE

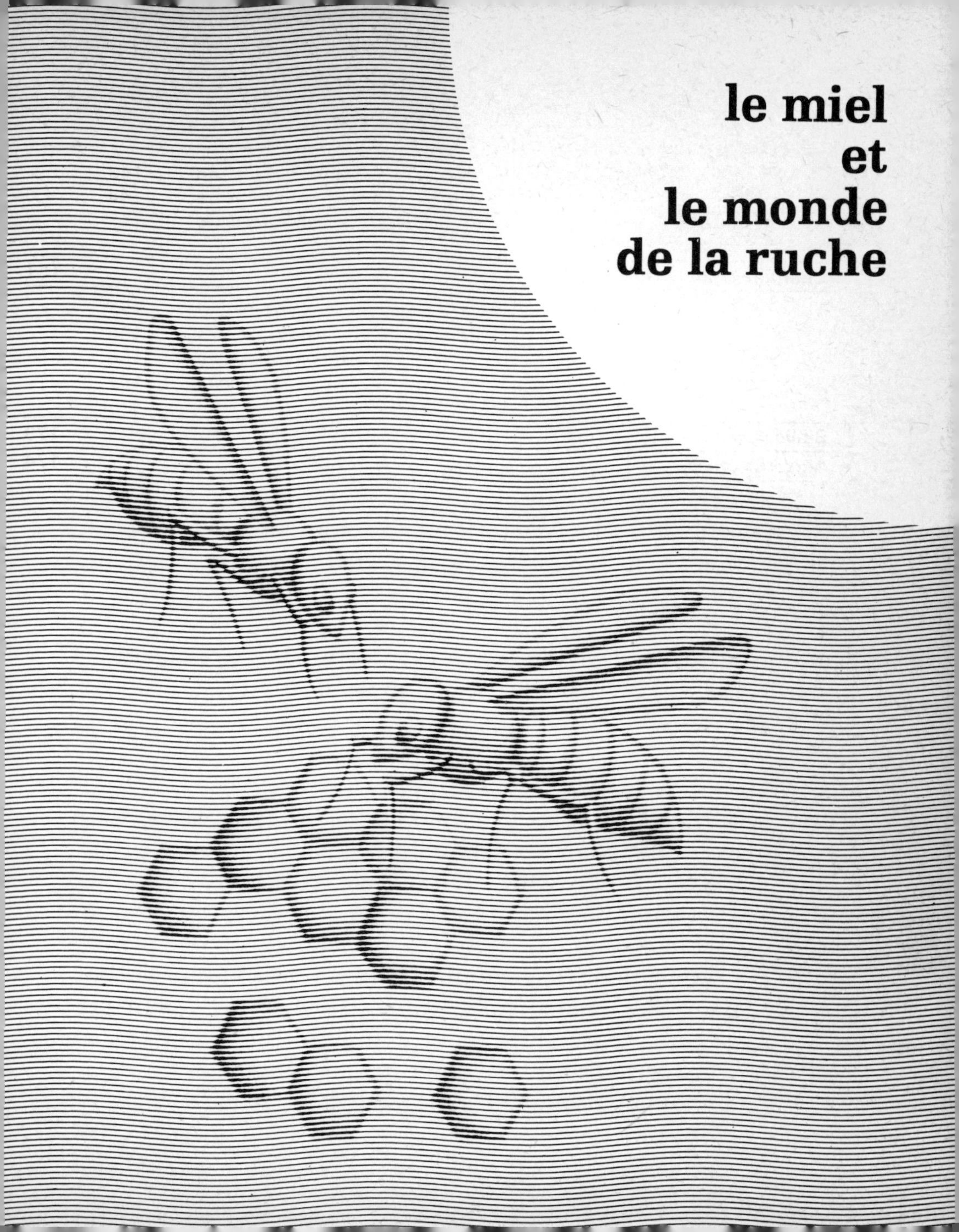

le miel et le monde de la ruche

DE LA FLEUR AU MIEL

Les abeilles ont donné naissance à de nombreuses légendes et poésies. La nature les a pourvues d'instincts mystérieux et complexes qui inspirèrent à l'écrivain poète Maurice Maeterlinck, au tout début du siècle, un livre célèbre, *la Vie des abeilles*◇. Les hommes,

◇ *Ce livre parut en 1901 ; il a été réédité en « Livre de poche » (éd. Grasset-Fasquelle, 1969).*

impressionnés par leur extraordinaire organisation, ont fait des abeilles le symbole de toutes les vertus sociales.

Une organisation sociale « superstructurée »

La ruche est, en effet, une véritable cité placée sous le commandement de la reine, épouse d'un unique élu, et mère, à elle seule, de plus de 70 000 sujets. La vie de chacune des habitantes de la ruche est un dévouement constant au bien-être de la collectivité, depuis la reine pondeuse, dominatrice et prolifique, et qui jamais ne connaîtra « l'âme des fleurs », jusqu'aux gardiennes, capables, contre tout intrus, de se transformer en véritables kamikazes, acceptant la mort en même temps que le déchirement de leur dard.

Et puis travaillent dans l'ombre du royaume de cire, le monde des « ouvrières spécialisées », les ouvrières bâtisseuses préparant les cellules pour la ponte, les nourrices infatigables de plus de 2 000 larves quotidiennes, les ventileuses, les butineuses, enfin, qui plongent dans le ciel jusqu'à trente fois par jour, dans un immense bourdonnement parfumé pour que, dans mille alvéoles de cire, s'écoule du miel en larmes d'or◇.

◇ *Pour en savoir davantage sur la spécialisation des différentes ouvrières, voir plus loin, p. 31 à 37.*

Une fantastique alchimie

Les butineuses quittent la chaleur de la ruche au soleil levant. D'instinct, elles connaissent l'instant où s'ouvre le cœur des fleurs. Au bout de leur longue route aérienne les attirent mille calices épanouis dans lesquels elles plongeront à plein corps, ivres de ce nectar qu'elles puisent dans les « nectaires », sorte de glandes où s'amasse une quintessence sucrée de la sève des plantes. L'abeille pompe ce suc avec sa trompe, qui fonctionne à la manière d'une pompe aspirante, aidée par tout le système buccal.

Le nectar passe alors dans ce jabot de l'abeille, dilué, s'il est épais◇, par une intense sécrétion salivaire. Il

◇ *Ce qui est variable suivant le temps.*

se produit alors dans le jabot une véritable transformation (voir l'encadré p. 10).

A chacun de ses retours à la ruche, l'abeille dépose le nectar ainsi transformé en gouttelettes contre les parois des cellules. Celles-ci, une fois remplies, sont ventilées (pour en diminuer la teneur en eau) par les abeilles ventileuses, puis elles sont fermées au moyen d'une pellicule de cire assurant ainsi la conservation. Si l'on analysait une goutte de ce miel, on y trouverait outre cette sève concentrée et spécifique de la fleur, des grains de son pollen signant à la fois son origine et ses propriétés.

Un kilo de miel équivaut à un tour du monde !
L'abeille, pour remplir ce jabot de 2 cg de matière sucrée doit visiter environ 150 fleurs. Il faut donc 7 500 fleurs (de trèfle, par exemple) pour récolter 1 g de nectar.
Si les abeilles n'effectuaient par jour qu'un seul voyage, il faudrait 50 000 abeilles pour fournir un kilogramme de miel.

L'abeille est une remarquable « transformatrice »
Après concentration du nectar, qui se présente essentiellement sous forme de saccharose (sucre complexe dont le type est notre sucre de table), il se produit une transformation en sucres simples, lévulose et fructose, grâce à une diastase, l'« invertine », qui se trouve dans le tube digestif de l'abeille. Dans cette transformation, le nectar perd 2/3 de son eau et s'enrichit en acide formique◇ assurant la conservation du produit et une partie de ses qualités antiseptiques. On voit ainsi que l'abeille ne se contente pas de butiner le nectar de fleurs. Elle participe de manière intensive à l'élaboration du miel par l'intermédiaire de ses propres diastases. On comprend alors que la qualité du miel dépend autant de la fleur butinée que de la bonne santé de l'abeille.

◇ *Cet acide doit son nom au fait qu'il est présent dans le corps des fourmis.*

Sur la population complète du rucher, seuls sortent environ deux tiers des sujets, ce qui obligent les butineuses à un grand nombre de voyages.
Des recherches ont pu déterminer que, dans de bonnes conditions, une abeille effectue 17 à 30 voyages par jour. En supposant que les fleurs soient peu éloignées de la ruche et que chaque trajet représente 1 kilomètre (ce qui est peu, les abeilles s'éloignant parfois de leur cité jusqu'à 3 à 7 kilomètres), la butineuse peut faire jusqu'à 20 kilomètres pour rapporter 40 cg de nectar.
La récolte d'un kilogramme de miel représente donc un peu plus de 40 000 kilomètres : un véritable tour du monde !

A LA RECHERCHE DES PLANTES MELLIFERES

Quand, par un matin clair de printemps, les abeilles s'envolent de la ruche en quête de nourriture, elles se comportent en éclaireuses. Il semble en effet que leur odorat soit peu développé. Mais sitôt que l'une d'entre elles a repéré une prairie ou un verger exploitable, elle revient à la ruche et communique aux autres abeilles le nouveau lieu de provende qu'elle vient de découvrir. En quelques minutes, toutes les butineuses alertées sont rassemblées pour la récolte◇.

◇ *Sur la manière de communiquer des abeilles, voir l'encadré, p. 12.*

Curieusement, il ne suffit pas qu'une plante soit en pleine floraison pour que les abeilles s'y intéressent.

Elles sont parfois délaissées au profit de fleurs moins riches, mais en « meilleure disposition ». Tout ce passe comme s'il y avait attirance réciproque entre la fleur et l'insecte. L'abeille est attirée par le nectar, mais la fleur la sollicite, l'appelle en quelque sorte, et cet attrait qui se doit d'être réciproque est régi par un instinct dont le mécanisme reste encore un mystère.

Que signifient les danses des abeilles ?

Si l'on utilise une ruche d'observation (à paroi vitrée permettant de voir le travail des abeilles), on peut remarquer la curieuse attitude des butineuses matinales au retour des champs. Il s'agit dans ce cas des « éclaireuses » parties dès la rosée à la recherche de fleurs nouvelles riches en nectar. Après s'être débarrassées de leur miel auprès des ouvrières chargées de cette besogne, les abeilles sont prises d'une sorte de trémoussement curieusement ordonné, comme une sorte de ronde, qui se communique aux abeilles voisines. Bientôt les danseuses se dispersent, s'envolent de la ruche et se dirigent dans la même direction que les éclaireuses ont prise, sans pour autant que celles-ci les accompagnent.

Comment s'est transmis le message ? D'abord par le parfum, les abeilles plongeant dans le calice des fleurs en sont imprégnées. C'est déjà une indication de provenance. Ensuite par la danse : la danse en rond signifie que la récolte se fait à moins de 100 mètres de la ruche. Quant à la direction, il semblerait que l'abeille soit capable de déterminer l'angle formé par la ruche et la position du soleil. Si la récolte est à plus de 100 m, l'abeille se livre à une danse en « huit ». Cette danse, plus compliquée, permet vraisemblablement de communiquer des informations plus précises. Sur la partie rectiligne du trajet, elle exécute de rapides oscillations de l'abdomen et émet, avec les ailes, des vibrations syn-

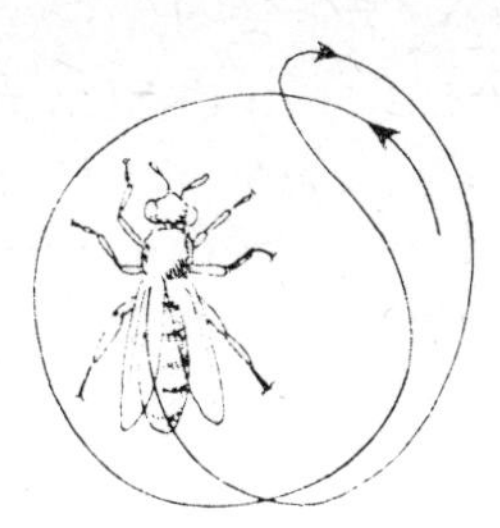

danse en rond

copées. Ce son serait sans doute une autre possibilité de s'exprimer. Les expériences très précises du Dr Karl von Frisch◇ ont permis d'établir des rapports très étroits entre, d'une part, la cadence de la danse, l'amplitude des oscillations (dans le « trajet frétillant »), et, d'autre part, l'éloignement de la récolte promise, la force du vent, les accidents de terrain, la direction de la récolte étant indiquée par la direction et la variation du « trajet frétillant ».

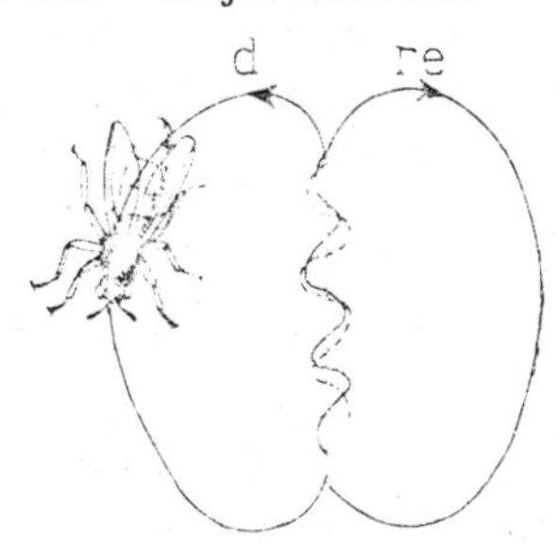

danse frétillante

Autre récolte : celle des pourvoyeuses de pollen. La nouvelle se propage en dansant, et avec la même signification. Ici, ce sont les pelotes de pollen accrochées dans les « corbeilles » des butineuses qui renseignent la ruche sur la qualité du butin. Précisons toutefois que le problème du sens de l'orientation et de la transmission des messages chez les abeilles est beaucoup plus complexe que ce bref exposé. Pour en savoir

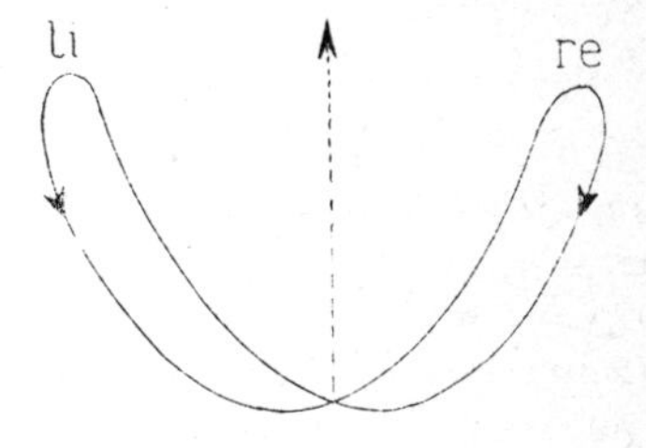

danse en faucille

davantage, on pourra lire *Vie et mœurs des abeilles,* de Karl von Frisch, qui étudia ce problème pendant plus de trente années. D'autres chercheurs (américains notamment) se sont livrés à de nombreuses autres études. Les avis ne sont pas d'ailleurs toujours concordants. Bien des phénomènes de communication restent encore à découvrir et à expliquer.

◇ *Karl von Frisch :* Vie et mœurs des abeilles (*Paris, Albin Michel et J'ai lu, 1973*).

LES DIFFERENTS FACTEURS DE LA PRODUCTION MELLIFERE

La richesse en nectar des fleurs est infiniment variable. Elle peut se modifier suivant les pays, la nature du sol, le climat, l'ensoleillement de la saison.

Le pays et la nature du sol

Une des premières fleurs mellifères écloses dans nos régions est la fleur du marronnier. En revanche, la plus réputée, à la fois sur le plan du rendement et de la qualité, est la fleur de la luzerne. On récolte du miel de luzerne en Vendée et dans la région du Mont-Saint-Michel. Mais cette récolte est sans comparaison, au point de vue du rendement, avec celles de certaines régions des Etats-Unis.
Il en est de même en ce qui concerne les fleurs de tilleul. Dans les pays européens, le rendement mellifère du tilleul est assez moyen, alors qu'en Amérique il semble abondant. Certaines plantes qui préfèrent les sols calcaires (sainfoin, luzerne) fourniront beaucoup moins de nectar en sol argileux. De même, les bruyères seront d'un rendement plus intéressant en terrain sec qu'en terrain humide.

Le climat

En France, la production du nectar est souvent fonction du degré hygrométrique élevé de l'air environnant, alors que, dans certaines régions d'Amérique, la sécheresse est bénéfique. Le vent, en revanche, assèche le nectar et diminue la production mellifère

La pluie fait couler le nectar, et pourtant l'humidité qu'elle apporte est nécessaire pour une bonne récolte. Dans nos régions, un temps calme avec alternance de pluie et de soleil réunit pour les fleurs les meilleures conditions de production mellifère.

L'altitude

L'altitude est aussi un facteur important de production du nectar. Dans les Alpes, la lavande et le romarin sont plus productifs sur les hauteurs qu'en plaine, ce qui justifie la transhumance des ruches à l'époque de la floraison. Enfin, la production des plantes en nectar subit des variations suivant l'exposition au soleil et suivant les heures de la journée. La courbe mellifère présente deux maxima, l'un à la rosée du matin et l'autre avant le coucher du soleil. Contrairement à ce qu'on pourrait penser, les heures les plus chaudes de la journée se situent dans le creux de la courbe.

PEUT-ON SELECTIONNER LES MIELS ?

La récolte sélective du miel est possible dans les régions à floraisons dominantes. On a remarqué en effet que les abeilles soucieuses de rendement préfèrent l'exploitation approfondie d'une floraison abondante plutôt que la recherche hasardeuse des plantes peut-être plus riches en nectar, mais sporadiquement réparties. Il est donc relativement facile, pour un apiculteur averti, de savoir à quelle floraison il doit la récolte en cours. Avec un peu d'observation et de soins, il doit pouvoir enlever avant la floraison suivante, les rayons déjà garnis de miel.

A noter : la sélection des miels ne peut se faire d'une manière systématique : diverses floraisons peuvent être très proches et retenir différemment l'attention des butineuses. Par exemple, un miel de thym ou de lavande n'est pas exclusivement obtenu par l'une de ces deux fleurs, mais elles y sont prédominantes. Il en va de même pour tous les miels de telle ou telle fleur. Il s'agit de miels à prédominance florale.

PRINCIPALES CARACTÉRISTIQUES DES PLANTES MELLIFÈRES

Plante	*Région*	*Epoque de la floraison*	*Caractéristiques du miel*
Acacia	Provence - Canada Hongrie	Avril - Mai	Très clair, fin, liquide
Bourdaine	Auvergne	Mai à Septembre	Foncé, brun verdâtre
Bruyère	Landes - Sologne Auvergne - Pologne	Juin - Août - Septembre	Roux, épais, riche en matières minérales
Colza	Eure	Avril - Mai	Granuleux, jaune, riche en saccharose
Eucalyptus	Afrique du Nord Tropiques	Juin - Juillet - Septembre	Difficile à trouver en France. Goût très aromatique, brun foncé
Lavande Lavandin	Alpes Provence	Juillet - Août	Assez rare, très pur, ambré, riche en fer, jaune clair
Luzerne	Nombreuses régions	Mai - Septembre	Grosse cristallisation jaune, épais

Plante	*Région*	*Epoque de la floraison*	*Caractéristiques du miel*
Marronnier	Nombreuses régions	Mai - Juin	Très épais, foncé, médiocre
Menthe	Vaucluse	Juin - Septembre	Ambré
Oranger	Algérie - Espagne	Avril - Mai	Très clair doré, onctueux, doux
Ronce	Toutes régions	Printemps	Foncé, verdâtre
Romarin	Provence - Alpilles - Narbonne - Espagne	Février - Mars	Blanc ou doré
Sainfoin	Beauce - Gâtinais - Ile-de-France - Touraine - Bourgogne	Mai - Juin	Très clair
Sapin	Vosges - Alsace	Printemps	Verdâtre
Sarrasin	Sologne - Bretagne - Normandie - Canada	Avril - Novembre	Roux très foncé, goût puissant, utilisé pour les pâtisseries
Sarriette - Sauge	Provence	Mai - Août	Très clair, parfumé
Serpolet	Centre - Causses	Juin - Octobre	Doré
Thym	Provence - Larzac	Printemps	Jaune foncé, saveur puissante mais de goût excellent
Tilleul	Toutes régions	Juin - Juillet	Blanc épais, parfum et saveur très typés, ne granule pas
Trèfle	Toutes régions Canada - Californie	Mai - Juillet - Septembre	Jaune pâle, parfumé, très recherché
Troène	Toutes régions	Juin - Juillet	Acre, mais très souvent mélangé à celui d'autres fleurs, sa floraison coïncidant avec celle de beaucoup d'autres plantes.

* Voir page 89 l'usage thérapeutique de certains miels.

LE RENDEMENT DES PLANTES MELLIFERES

Ce rendement est malheureusement extrêmement variable. On a pu néanmoins établir des moyennes qui peuvent vous être utiles si vous êtes tentés d'installer un rucher.

LE MIEL ET LA LOI

Le terme de « miel » s'applique uniquement au produit sécrété par les abeilles et provenant exclusivement du nectar des fleurs◇.

◇ *Décret du 19 décembre 1910, loi du 15 juillet 1921.*

Les appellations

L'appellation « miel » correspond à un produit extrait des alvéoles de la ruche par appareil centrifuge, c'est-à-dire uniquement mécanique, filtré et épuré au tamis. Il s'agit alors du miel « coulé » par opposition au miel de « presse ». Le miel de presse est, en effet, obtenu en broyant le rayon de cire plein de miel. Ce miel est de plus en plus rare puisqu'il provient des ruches à paniers dans lesquels les gâteaux de cire sont bâtis d'une manière anarchique (voir la ruche, p. 29). Ces miels souillés de déchets de cire, de pollen ou de couvain (voir p. 33) sont de mauvaise conservation.

L'appellation « miel » ou « miel pur » est interdite pour les miels caramélisés par chauffage et les miels de sucre.

L'appellation « miel de sucre » avertit l'acheteur qu'il a affaire à un miel produit par les abeilles, mais à partir de sucres donnés en nourriture aux abeilles pendant la floraison. Cette pratique, parfaitement autorisée pendant l'hiver où il n'y a pas de récolte, se pratique cependant à la saison des miellées pour soutenir une ruche défaillante ou dans le cas d'intempéries permanentes.

L'appellation « miel fantaisie » est en revanche toujours interdite.

L'appellation d'origine « miel des Vosges », ou « miel de Narbonne », ne doit s'appliquer qu'à des miels en provenance des régions citées◇ ; ceci est parfaitement contrôlable à l'analyse grâce à la présence des grains de pollen et représentatifs de la flore d'une région.

◇ *Loi du 6 mai 1919.*

Les miels étrangers doivent porter sur l'emballage l'indication du pays d'origine (décret du 4 août 1933).

Les fraudes

Les fraudes sont assez rares, la plus courante étant celle de miel pur alors qu'il ne s'agit que de « miel de sucre » aux risques et périls du producteur.

Une fraude tout aussi décelable est celle de l'appellation d'origine : l'analyse en laboratoire du miel et la reconnaissance des grains du pollen spécifique de la plante et de ses lieux d'implantation la décèlent.

Le mélange des miels exotiques plus corsés et plus colorés à des miels fades peut donner l'illusion de miel de sarrasin ou de bruyère. L'adjonction de glucose blanc (produit utilisé en pâtisserie) à des miels corsés et foncés est contrôlable en laboratoire.

Les différents miels commercialisés

Vous trouverez dans le commerce du miel spécifique de certaines plantes : acacia, bruyère, lavande, etc. (voir tableaux p. 16 à p. 17). Mais vous trouverez le plus souvent du miel « toutes fleurs » (c'est un miel polyflore comme son nom l'indique). Ce peut être, suivant l'emplacement des ruches, du miel de prairie, de forêt ou de montagne, plus ou moins coloré ou plus ou moins épais suivant la saison où s'est faite la récolte. C'est ainsi que le miel de printemps est le plus souvent clair, le miel de l'été ambré, le miel d'automne plus foncé.
Précisons en outre que le miel « toutes fleurs » est moins cher que le miel de telle ou telle fleur.

Certains apiculteurs, suivant l'emplacement des ruchers, peuvent également certifier la provenance de leur miel.
C'est ainsi que vous trouverez du miel des Alpes (en général riche en lavande, thym, serpolet, fleurs de montagnes), des Vosges (sapin), d'Auvergne (à prédominance d'acacia et de trèfle), du Jura (pin), des Pyrénées, de Narbonne (riche des fleurs de garrigue), du Larzac (thym et serpolet).
Signalons que le miel du Gâtinais, très recherché autrefois, ne mérite plus sa réputation, le sainfoin dont il était issu ayant pratiquement disparu de cette région.

Dans les maisons de régime ou maisons spécialisées, vous trouverez aussi des miels en provenance de l'étranger :
— d'Espagne (riche des fleurs de lavande, d'oranger, de romarin, d'eucalyptus),
— de Roumanie (acacia, tilleul, menthe, framboise), de Hongrie (acacia),
— du Canada (trèfle ou sarrasin).

LE MIEL EST UN PRODUIT VIVANT

Le miel vit. Sa consistance et son aspect varient énormément selon sa provenance, la saison de la miellée, etc. Ces variations dans la contexture du miel peuvent étonner l'acheteur, mais en aucun cas ils ne sont les signes de mauvaise qualité.

La consistance

D'une manière générale on peut dire que tous les miels sont liquides à l'époque de la récolte◇. Plus un miel est riche en gomme et en dextrine (celles des plantes dont il est issu), plus il restera liquide longtemps (exception faite toutefois pour le miel d'acacia qui est le seul miel à rester liquide en vieillissant, bien que ne contenant pas outre mesure gommes et dextrines).

◇ Sauf le miel de colza qui granule déjà dans les alvéoles.

Peu à peu à la température ambiante et surtout en hiver, le miel devient pâteux et plus ou moins dur suivant son origine.

Le miel laissé au repos à l'abri de l'air ne granule qu'au bout d'un temps assez long. Mais il faut savoir que l'introduction d'un ustensile quelconque ou l'abaissement de la température extérieure peuvent provoquer la granulation.

La granulation se fait différemment suivant la provenance des miels. Des miels fluides à la récolte cristalliseront à grains fins. Epais ou visqueux au départ, ils granuleront à gros grains. Certains deviendront durs et cassants, d'autres simplement visqueux.

Ces caractéristiques n'ont rien à voir avec la qualité du produit, ni même les stries blanchâtres qui apparaissent dans la masse. Signalons cependant que l'on peut maintenir les miels à l'état liquide par pasteurisation.

A savoir : la couche blanchâtre qui apparaît en surface des pots est due à la montée des bulles emmagasinées pendant l'extraction.

La couleur

La teinte des miels est loin d'être uniforme. Elle peut varier du blanc pur (luzerne, sainfoin) au roux-brun (sapin, bruyère). Les teintes intermédiaires sont multiples : jaune, citron, doré. En fait, plus un miel est foncé, plus il est riche en matières minérales. La saison, pour une même région de provenance, modifiera également texture et couleur.
Le miel de lavande a la couleur de l'ambre, le miel de bruyère est assez foncé et tire sur le brun-rouge. Le miel de sapin est très foncé, presque noir. En revanche, le miel de romarin est d'un blanc laiteux, le miel d'acacia garde presque seul, dans sa robe blond paille, une transparence liquide.

Le goût

Les saveurs sont aussi extrêmement variables et dépendent des fleurs. Les miels de légumineuses (genêt, luzerne, trèfle, glycine) sont neutres. Les conifères donnent un parfum puissant, de même que le sarrasin et la bruyère. Les espèces aromatiques (thym, serpolet, tilleul) transmettent au miel une partie de leur saveur parfumée. Les miels les plus délicats, à réserver pour la table, sont les miels de sainfoin, d'acacia, d'oranger, de romarin. Les miels de sarrasin et de bruyère sont très appréciés et recommandés pour les pains d'épices.

LES PRODUITS DE LA RUCHE

La ruche ne contient pas que du miel. Celui-ci, bien sûr, sert de nourriture aux abeilles et de provision pour l'hiver. Mais les abeilles récoltent aussi le pollen des fleurs et fabriquent d'autres substances : la gelée royale pour nourrir les bébés abeilles, la cire et la propolis pour construire leur habitation.

LE POLLEN

Cette fine poussière dorée qui tombe des fleurs au printemps est la matière mâle, fécondante des fleurs. Chaque espèce florale possède un pollen spécifique à tel point qu'il est parfaitement possible au microscope de reconnaître de quelle fleur il est issu. Tous les miels, même les plus épurés, contiennent encore des grains de pollen, ce qui permet ainsi de les identifier et de vérifier s'ils proviennent bien de l'espèce florale mentionnée par le vendeur.
Ce pollen, que les abeilles agglomèrent en pelotes jaunâtres dans la « corbeille » de leurs pattes arrière,

est destiné à la nourriture de la ruche. « Ce pain des abeilles » est réservé aux ouvrières et aux faux bourdons. Il en est consommé près de 25 kg par an et par ruche.
Une abeille chargée de la récolte du pollen part de la ruche avec, dans le jabot, une petite gouttelette de miel. Elle s'installe sur les étamines des fleurs et gratte avec ses mandibules et ses pattes antérieures le pollen des étamines. Au fur et à mesure, elle humecte sa récolte du miel de son jabot pour l'agglutiner. Pendant qu'elle se dirige vers une autre fleur pour continuer la récolte, ses pattes postérieures munies de brosses balaient avec une vélocité incroyable le pollen de ses pattes antérieures et de son abdomen.
Avec le peigne raide dont est munie l'extrémité de sa patte, elle accroche le pollen contenu dans la brosse de l'autre patte et pousse la boule de pollen vers la corbeille, sorte de dépression sur la face externe de la jambe.
Quand la corbeille est pleine, l'abeille ainsi « culottée » revient à la ruche où elle se débarrasse de son pollen. Celui-ci est mis en réserve dans des cellules distinctes de celles du miel. Une partie sera conservée jusqu'au printemps pour l'élevage des jeunes larves.
Un bonne ruche reçoit environ 400 abeilles à l'heure chargées de la récolte du pollen. On peut estimer la récolte à 50 g par jour environ.
Le pollen des abeilles est récolté, commercialisé et utilisé en thérapeutique (voir p. 102) et pour les produits de beauté (voir p. 131).

LA CIRE

Certaines abeilles-ouvrières fabriquent la cire, tâche des bâtisseuses tout aussi absorbante que la récolte du miel ou du pollen. Si on livrait à des abeilles un panier de paille, on s'apercevrait au bout d'une semaine que du sommet du panier partent des édifices verticaux d'une matière jaunâtre. Les abeilles forment une grappe, accrochées les unes aux autres, les pattes antérieures des unes accrochées aux pattes postérieures des autres. De leur ventre pourvu de quatre plaques ventrales et de glandes cirières s'échappent de minces pellicules transparentes : la cire. Cette substance, liquide à l'origine, est malaxée, triturée avec du pollen.

Les constructions édifiées par les abeilles sont des alvéoles hexagonaux légèrement inclinés pour que le miel ne s'écoule pas. Nous verrons (page 30) que ces cellules sont différentes suivant leur destination.

Les cellules assemblées forment des rayons. Dans notre ruche-panier, les abeilles établissent des gâteaux de cire irréguliers. En apiculture moderne, on équipe la ruche de cadres de bois sur lesquels est montée une « fondation », ou mince plaque de cire gaufrée. Ce système oblige les abeilles à construire régulièrement, ce qui facilite grandement la récolte.

LA PROPOLIS

C'est le ciment de la ruche. Il s'agit d'une matière résineuse rougeâtre que les abeilles récoltent à partir des bourgeons des arbres. La propolis sert aux abeilles à fixer les cadres, à fermer les moindres ouvertures de la ruche, à établir des arcades à l'entrée de la ruche plus ou moins serrées pour en diminuer l'ouverture si l'hiver risque d'être froid. Ces passages sont aussi édifiés pour défendre la ruche contre ses ennemis.

LA GELEE ROYALE

Dans la ruche, les larves d'abeilles sont l'attention de soins constants de la part des nourrices qui leur distribuent la nourriture spécifique qui fera d'elles des ouvrières ou des reines. Une alimentation particulière est destinée aux reines : la « gelée royale », résultat d'un malaxage de composants variés et d'une transformation dans le jabot de la nourrice, où ce mélange s'enrichit d'hormones et de vitamines.
Grâce à cette nourriture stupéfiante, la larve prise en charge pour devenir la pondeuse royale, prendra en cinq journées 1 800 fois son poids initial en même temps qu'une promesse de vie de 4 à 5 années, c'est-à-dire cinquante fois plus longtemps qu'une modeste butineuse dont l'espérance de vie ne dépasse pas quarante jours. Cette alimentation lui sera assurée toute sa vie, faisant de l'insecte une véritable « machine à pondre », libérant chaque jour 2 000 à 2 500 œufs.
La gelée royale servira aussi de nourriture aux futurs sujets de la reine, mais seulement pendant les premiers jours ; ensuite une bouillie plus grossière faite

de pollen et de miel lui sera substituée. C'est cette alimentation nuancée qui déterminera la taille et la fonction des abeilles. L'étonnante richesse de cette nourriture a incité l'homme à la prélever pour en étudier les effets et à la commercialiser. La récolte de gelée royale n'est pas du domaine de l'apiculteur amateur, elle se fait directement dans les alvéoles du couvain avec une petite spatule. Des procédés simples ont d'abord permis de développer la production de cette gelée au cœur de la ruche, puis des procédés industriels ont augmenté la production, d'où un abaissement du prix du produit. La gelée royale est utilisée à titre thérapeutique (voir p. 96) et dans l'élaboration des produits de beauté (voir p. 131).

Les autres produits commercialisés

Outre le miel (voir page 21), le pollen (voir page 23) et la gelée royale (voir p. 26), on trouve chez les apiculteurs ou dans les maisons de régime les produits suivants. Nous les citons à titre indicatif.

— Pains d'épices (au détail, en couque), nonnettes fourrées et glacées.

— Gâteaux secs aux raisins, sablés, macarons, biscuits au millet ou au sarrasin, madeleines.

— Pastilles et bonbons, acidulés ou non, miel et réglisse, ou miel et menthe, ou anis. Pastilles de miel et d'eucalyptus, bonbons fourrés au miel, caramels au miel et au rhum, truffes fourrées au miel. Bonbons aux bourgeons de sapin. Sucettes au miel et aux fruits. Boules de miel et sève de pin.

— Nougats tendres ou durs, blanc ou noir.

— Pâtes de fruits.

— Une boisson apéritive au miel, l'hydromel.

Si vous êtes tenté de faire vous-même toutes ces douceurs, reportez-vous au chapitre des recettes à base de miel, p. 39 à 78.

LE MONDE DE LA RUCHE

Les colonies d'abeilles ont vécu dans les trous des rochers et dans les arbres bien avant, sans doute, l'apparition de l'homme sur la terre. L'homme est devenu chasseur d'abeilles sauvages, puis les a domestiquées en leur créant des abris.
Au cours des siècles, les ruches ont évolué. Elles ont été, d'abord, en boue séchée ou en paille. La technique moderne a créé depuis des ruches à cadres superposables permettant ainsi de décupler le rendement d'une ruche sans déranger le travail des abeilles.

LA COMPOSITION DE LA RUCHE

La ruche est une véritable habitation composée, à la partie inférieure, d'un corps de ruche qui repose sur un plateau sur lequel les abeilles viennent se poser avant de pénétrer dans la ruche par le « trou de vol ».
Le corps de ruche contient la plus grande partie du « couvain », ou larves, et du miel de réserve pour la nourriture des abeilles.
Sur ce corps de ruche sont superposés un ou plusieurs

DEUX TYPES DE RUCHES

La ruche en paille tressée, plus traditionnelle et plus bucolique, n'offre qu'une capacité limitée. Pour certains apiculteurs, cette faible contenance, favorisant un essaimage plus fréquent, augmenterait ainsi plus rapidement le peuplement.
La ruche Dadant offre un meilleur rendement et davantage de mobilité du rucher. Elle est en effet, aisément transportable.

La ruche en paille tressée

La ruche type Dadant

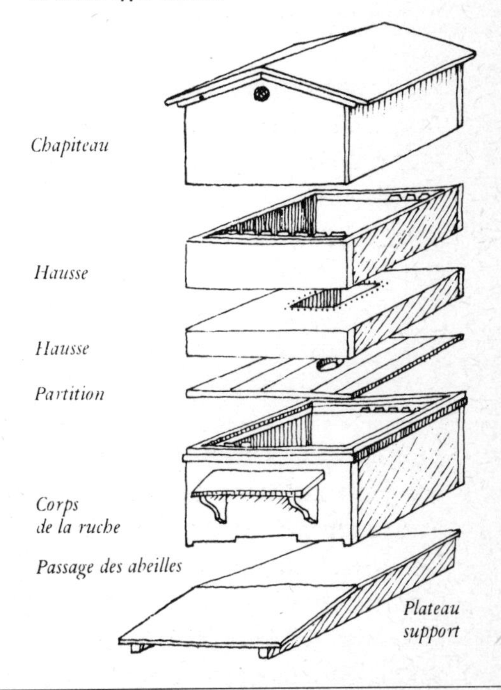

Dessins L. Hamon in « Encyclopédie Faites tout vous-même » (Paris, CAL, 1975)

étages, les « hausses », porteuses de cadres mobiles sur lesquels les abeilles édifient les rayons de cire comme des gaufres géantes.
Les ruches sont couvertes d'un toit protégé d'une toile ou de paille. L'ensemble de la ruche est surélevé au-dessus du sol pour éviter l'humidité et la détérioration par les prédateurs.
La structure et la mobilité de ces habitations permettent le prélèvement simple des cadres rayons pour la récolte du miel, et le transport des ruches pour la pratique de l'apiculture ambulante suivant les diverses floraisons. Voir également p. 168.

Une « cellule » pour chaque usage
Chaque rayon de cire se compose de plusieurs milliers de petites cellules hexagonales. Ces cellules sont différentes suivant les usages auxquels elles sont destinées.

Les cellules magasins contiennent la nourriture : le miel qui remplit les 8/10 de la ruche et le pollen, nourriture des larves d'abeille.

Les cellules berceaux sont de trois sortes :
— les cellules des larves « ou couvain » des futures ouvrières ;
— les cellules royales exceptionnellement grandes et semblables à quelque cirque lunaire ;
— les cellules destinées à l'élevage des mâles ou bourdons.

LES HABITANTS DE LA RUCHE

La colonie, variable, est composée de 40 000 à 70 000 sujets au premier abord tous semblables, mais parmi lesquels il faut cependant distinguer :

La reine

Longue et svelte, elle est la seule femelle complètement développée : elle pond des œufs assurant la descendance de la ruche. Elle sortira une seule fois de la ruche : pour se faire ensemencer par un mâle. Ensuite elle reviendra à la ruche pour n'en plus jamais ressortir.

Les mâles, ou bourdons

Les mâles, ou bourdons au corps massifs : une centaine environ dont la seule raison d'être est l'acte d'amour qui fécondera la reine dans le bruissant cortège du « vol nuptial ». Un seul sera élu au printemps au profond de l'azur à la fois dans l'amour et dans la mort (voir encadré, p. 32). Les autres mâles devenus inutiles seront exterminés sans pitié par la reine ou par les gardiennes.
Une ruche d'automne ou d'hiver est donc une ruche sans mâles.

Les ouvrières

Elles sont plus petites, très actives, vierges et stériles ; la bonne marche de la colonie dépend d'elles. Une ouvrière peut vivre jusqu'à 5 à 6 mois ; mais elle ne vit que 40 jours en période de floraison. Elle occupera

Les faux-bourdons, ces mal-aimés

Ils proviennent d'œufs non fécondés. Ce sont les mâles de la ruche, les princes consorts, « étourdis, maladroits, prétentieux, totalement et » scandaleusement oisifs, bruyants, gloutons, grossiers, malpropres, » insatiables, énormes », dit Maeterlinck. Voilà un bien vilain portrait de cette gent « d'amants honoraires » dont un seul sera le père de la ruche.
Le faux-bourdon se distingue facilement dans le peuple des abeilles. Sa tête est ronde, grosse (celle de l'abeille est petite et triangulaire). Son corps lourd et maladroit est couvert de poils qui l'habillent d'un gilet de velours fauve ; ses pattes sont grêles, sans corbeille pour la récolte. Il n'est pas pourvu de trompe pour pénétrer le calice des fleurs ni d'aiguillon pour se défendre. Aussi passe-t-il son temps à dormir au chaud de la ruche ou dans le frais calice des fleurs quand le temps le permet.
Pareillement démunis, les bourdons ne peuvent que se laisser entretenir par la ruche : « encombrant les allées, bousculant, bousculés », ils périront à l'automne, n'ayant vécu qu'un seul été.

Des auteurs généreux ont affirmé, outre l'unique fécondation, l'utilité de ces multiples prétendants. La présence de ces 300 ou 400 mâles bien nourris serait pour la ruche une source utile de calories. Que ne les gardent-elles alors pendant l'hiver ? Autre utilité évoquée : leur odeur et leurs sécrétions seraient, pour les ouvrières, une sorte d'excitation au travail.

dans la ruche tous les emplois. D'abord balayeuse, elle pourvoira à l'élimination des déchets, ceci pendant trois jours. Les six jours suivants, elle sera convertie en nourrice après le développement de ses glandes salivaires. Pendant les six jours suivants, elle sera cirière-bâtisseuse, puis gardienne et ventileuse. Enfin, elle terminera sa carrière comme butineuse chargée de la récolte du nectar ou du pollen.

LES TRAVAUX D'INTERIEUR

La ponte

Elle est l'occupation incessante de la reine (du printemps à l'automne) qui dépose dans chaque cellule un œuf et ceci dans un ordre bien déterminé. Le couvain le plus vieux se trouve au centre du rayon, car la reine pond en partant du centre et en tournant. Elle ne garnit ainsi que le centre des rayons, déterminant le nid à couvain. Dans les cellules voisines, du pollen sera entreposé par les ouvrières.

L'élevage du couvain

Trois jours après la ponte, la larve éclôt. Elle est nourrie par les jeunes abeilles d'un mélange de miel, pollen et d'eau. A ce régime, la larve grossit en six jours de cinq cents fois son poids.

Les bouillies sont différentes suivant qu'il s'agit d'obtenir des mâles, des ouvrières ou des princesses. A noter que la reine elle-même est nourrie par ses fidèles sujettes uniquement de gelée royale (voir ci-dessus, p. 26).

A la période où la ruche trop pleine se doit d'« essaimer » (p. 166), c'est-à-dire de se partager pour chercher un logement, les abeilles construisent des cellules royales plus spacieuses. Ces cellules seront alimentées par les nourrices d'une bouillie royale plus riche, qui donnera naissance à des abeilles plus grandes et plus belles. La première sortie sera la reine, les autres seront massacrées soit par la reine, soit par les gar-

diennes. Cette reine nouveau-née et particulièrement bien nourrie, vivra 4 à 5 ans.
Les ouvrières auront décidé de construire à cette époque des cellules plus grandes pour les mâles destinés à la nouvelle reine. Dans ces cellules, la reine déposera un œuf non fécondé. Les œufs destinés à devenir des femelles sont en effet fécondés au fur et à mesure par la reine qui tient en réserve la semence du mâle pendant toute la durée de la ponte.

L'engrangement
Les butineuses déchargent dans les alvéoles proches de la porte le nectar encore très riche en eau. Les ventileuses se chargent par le battement de leurs ailes d'éliminer cette eau, puis de transporter le nectar ainsi concentré vers d'autres rayons à l'intérieur de la ruche. Quand les alvéoles sont pleins de miel « mûr », l'ouvrière y dépose une goutte de venin qui stérilise le contenu du « pot ».
Celui-ci est ensuite hermétiquement fermé par une plaquette de cire.

Le nettoiement
Les « nettoyeuses » d'alvéoles sont chargées de brosser et de remettre les cellules en état pour de nouvelles pontes. Les « mastiqueuses » bouchent avec de la propolis (voir p. 25) les ouvertures et les fentes pour rendre la ruche étanche ; elles déposent également une couche de propolis sur les larves ou sur les abeilles mortes et les entraînent en dehors de la ruche.

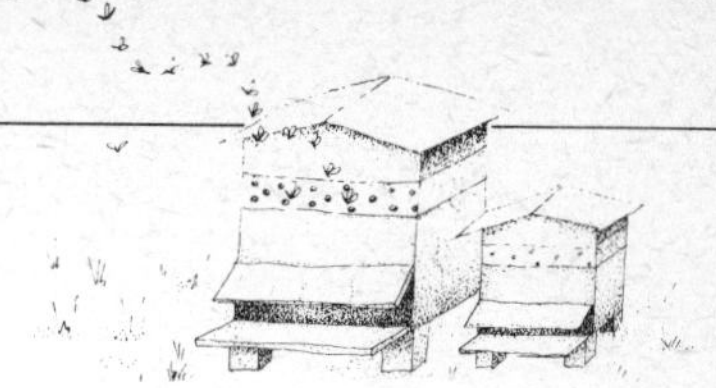

Le vol nuptial

Quelques jours après sa naissance, la reine abeille est prête à être fécondée. Il est prouvé que cette fécondation ne peut se faire qu'à l'extérieur de la ruche et assez rapidement après la naissance de la reine pour que la ruche ne soit pas démunie de couvain. Malgré cet instinct d'impatience, la reine choisit son heure. Il lui faut une matinée ensoleillée (au moins 18 °C), un ciel sans nuages, et ce doit être après la rosée du matin, avant la chaleur de midi.
Elle paraît alors sur la planche d'envol entourée d'ouvrières affolées. Elle sort à reculons, fait quelques vols hésitants, puis plonge au cœur de l'azur.
Aussitôt les escadres de bourdons s'envolent, piquent vers le ciel en formation très caractéristique, toujours plus haut jusqu'à atteindre des hauteurs insoupçonnées. Bientôt la horde diminue, se raréfie, pour ne laisser qu'un seul vainqueur qui périra d'avoir été l'élu.
Cette épouse fécondée revient à la ruche : future mère porteuse de la promesse de près d'un million d'œufs.

Ces noces à la fois cruelles et poétiques sont uniques, dit Maeterlinck dans *la Vie des abeilles*. Pourtant des études nouvelles sur le comportement des abeilles tendent à prouver que la fécondation de la reine n'est pas unique si la provision de semence n'est pas suffisante pour assurer une ponte qui doit durer cinq années.

Après le vol nuptial et si le temps est beau, la récolte abondante, les ouvrières toléreront encore les mâles. Mais que fraîchisse le ciel, que s'effeuille le cœur de l'été, gronde alors dans la ruche toutes les rancœurs et les indignations accumulées contre ces bourdons qu'elles ont nourris afin que vivent les espoirs de la ruche. C'est alors l'épuration définitive par cette armée de vierges guerrières. On tire, on pousse, on mord, on traîne enfin les mâles devenus inutiles jusqu'à l'entrée de la ruche. Elle leur sera interdite, nouveau château fort aux herses hérissées de dards impitoyables et jusqu'au printemps, dans son tranquille hiver, la ruche s'engourdira, peuplée de ses seules amazones.

Enfin, elles éliminent le vieux pollen dès la première floraison du printemps.

Le service de protection
Situé sur le plateau à l'avant de la ruche, il permet d'éliminer les intrus. Il est assumé par les gardiennes qui partiront aussi à l'assaut des visiteurs indésirables, hommes ou animaux. Leur rayon d'action ne dépasse guère les abords de la ruche. Le service des gardiennes est souvent relâché en période d'abondance, mais en hiver ou si le temps est mauvais les équipes deviennent très irascibles.

Le service de la mère
L'escorte de la reine a pour mission d'écarter les abeilles gênantes, de préparer les cellules avant la ponte, de diriger celle-ci en guidant la reine dans son travail, de vérifier la présence de l'œuf unique par cellule. Enfin, elles doivent nourrir cette infatigable pondeuse en lui régurgitant directement dans l'ouverture buccale une nourriture dont la richesse est réglée suivant ses besoins, et surtout suivant les besoins de la collectivité de façon à augmenter ou à ralentir la production de couvain.

Les travaux d'extérieur
Quand l'abeille a terminé la première partie de sa vie à l'intérieur de la ruche, elle se prépare à l'envol vers les prés. Successivement elle remplira les besognes de porteuse d'eau, collectrice de sel, de pollen, de pro-

polis, de nectar. Bien que la distribution de ces travaux dépende de nombreux facteurs et que l'on n'ait pas pu déterminer exactement la durée de ces divers emplois, il n'en est pas moins prouvé que chaque ouvrière occupera successivement toutes ces fonctions. Prudente, l'abeille ne fera d'abord que des vols courts pour reconnaître l'environnement. Il arrive cependant fréquemment qu'une vieille routière se perde. C'est pourquoi les apiculteurs ont pris l'habitude de peindre les ruches de couleurs vives reconnaissables par les abeilles : le bleu, le noir, le blanc et le jaune. Encore les apiculteurs professionnels respectent-ils souvent un ordre particulier dans l'alternance de ces coloris.

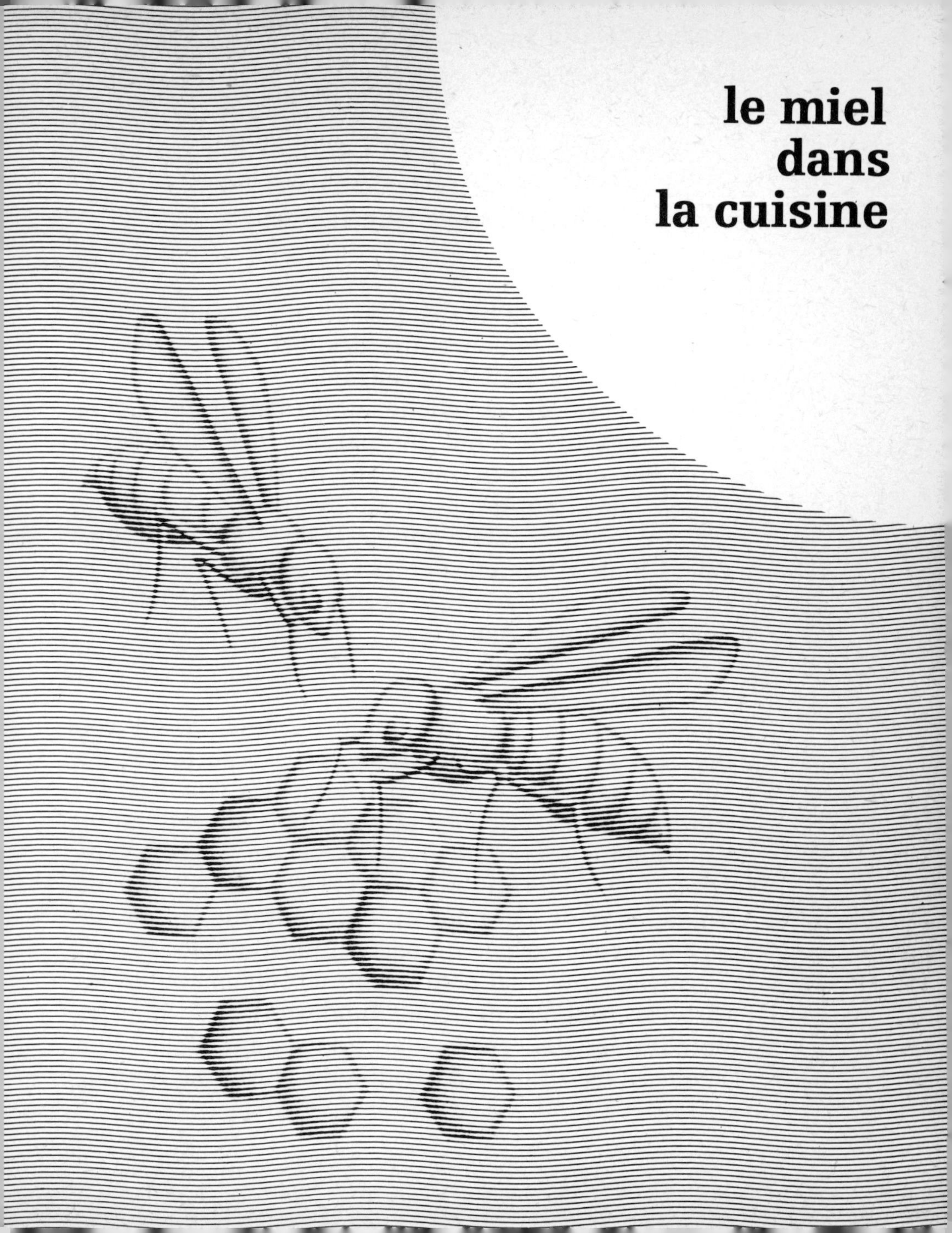

le miel dans la cuisine

L'usage du miel remonte bien loin dans le temps, aussi indispensable que l'eau, le pain et le sel.

Depuis l'Antiquité

Les poètes grecs et latins l'associent à toute image bucolique. Il est la nourriture des dieux, la manne du désert. A la fois aliment et offrande, c'est le symbole de la richesse, de la félicité et de l'allégeance. Son caractère sacré le rend inséparable des hommages rendus aux dieux, aux rois et aux morts. En fait, c'est le sucre de l'Antiquité et du Moyen Age, denrée précieuse entre toutes qui sert de condiment aux préparations salées et sucrées : le cochon au miel, le loir en sauce des Grecs, hydromel et vin miellé, pain d'épices du Moyen Age, etc.

A l'étranger

Actuellement, le goût d'ajouter du miel a survécu dans certaines cuisines étrangères et exotiques. En Chine, il est ajouté dans la marinade des volailles. En Afrique du Nord, il trouve sa place dans la préparation de certains couscous, dans la farce des pigeons aux raisins, l'agneau rôti. Aux Etats-Unis, le jambon de Virginie, enduit de miel et de moutarde, piqué de clous de girofle, exhale un parfum inestimable.
Les gâteaux au miel sont nombreux dans toutes les pâtisseries du monde. N'en faudrait-il citer que les innombrables douceurs — au goût contestable selon certains, il est vrai — d'Afrique du Nord, de Turquie et d'Israël ?

En France

En cuisine française, une préparation à elle seule justifierait l'utilisation du miel en pâtisserie ; il s'agit du pain d'épices. Hérité du Moyen Age, il s'est enrichi, anobli. Sa réputation n'est plus à faire, il a multiplié ses présentations depuis les nonnettes fourrées jusqu'aux grosses couques dijonnaises.

Vous trouverez dans ce chapitre de nombreuses recettes à base de miel : viandes, volailles, pâtisseries, confiserie, boissons. Lisez-les, laissez-vous tenter par elles, renouant ainsi avec des saveurs d'autrefois.

VIANDES ET VOLAILLES

Le miel donne à certains plats salés une saveur très particulière. N'hésitez pas à y recourir. Toutefois, pour ne pas commettre de « faux pas », nous vous donnons ici quelques idées. Une fois que vous aurez acquis une réelle habitude de ces mélanges « sucré-salé », vous pourrez peut-être laisser libre cours à votre imagination.

Quel miel choisir ?

Sauf indication spéciale, utilisez pour les plats salés du miel polyflore (toutes fleurs), moins cher que le miel spécifique d'une espèce. Peu importe que vous l'utilisiez liquide ou déjà cristallisé : de toute façon il deviendra souple à la chaleur de la cuisson.

AGNEAU AUX PRUNEAUX

Préparation : 30 minutes ;
Cuisson : 1 heure

Pour 6 personnes
1,500 kg d'agneau dans l'épaule, désossée et coupée en morceaux
250 g de miel
500 g de pruneaux
50 g de beurre, une cuillerée à soupe d'huile,
sel, poivre
1 bâton de cannelle,
une tasse d'amandes entières
1 cuillerée à soupe d'eau de fleur d'oranger

Faites dorer les morceaux de viande dans la matière grasse chaude. Egouttez les morceaux d'agneau à l'écumoire. Mettez les amandes dans la cocotte et faites-les légèrement dorer. Egouttez-les également. Mettez 2 verres d'eau dans la graisse de cuisson, ajoutez les épices (sel, poivre, cannelle) et la viande. Couvrez, laissez cuire 1 h. Pendant ce temps, faites tremper les pruneaux à l'eau chaude et la fleur d'oranger, dénoyautez-les. Ajoutez-les en fin de cuisson ainsi que le miel.
Ce plat peut être servi avec de la semoule de couscous ou du riz blanc.

CANARD A LA CHINOISE

Préparation : 20 minutes ;
Cuisson : 1 heure

Pour 6 personnes
1 jeune canard charnu
Sel, poivre, estragon (1 pincée)
Glutamate (se trouve chez les marchands de produits chinois)
1/2 litre de vin blanc sec

Pour laquer :
4 cuillerées à soupe de soja (chez les marchands de produits chinois)

Le canard doit être tué trois jours avant et saigné comme pour faire un coq au vin (si l'on n'a pas de basse-cour, demander ce service à un volailler).
Saupoudrez l'intérieur avec le poivre, le sel, le glutamate, l'estragon. Déposez le canard dans un fait-tout ou dans une casserole. Versez le 1/2 litre de vin blanc. Laissez bouillir doucement 20 minutes. Retirez le canard, égouttez-le (essuyez-le si besoin est : il doit être sec). Passez-le au four 15 minutes (four moyen).

6 cuillerées à soupe de miel, de thym ou de romarin

Pendant ce temps, mélangez dans un bol 4 cuillerées de soja et 6 cuillerées de miel. Avec un pinceau, badigeonnez le canard avec cette sauce et remettez au four 10 minutes.
Badigeonnez à nouveau et remettez au four 15 minutes.
Découpez le canard soit en quartiers (à la française), soit en lamelles (à la chinoise).
Accompagnez de riz blanc.

JAMBON A L'AMÉRICAINE

Préparation : 30 minutes ; et une nuit de macération ;
Cuisson : 1 h 1/2

Pour 6 personnes
Jambon : 1 kg 500
1 tasse de bourbon,
1 tasse de miel
2 tasses de jus d'orange
Une cuillerée à café de clous de girofle

Pour le mélange :
200 g de miel,
2 cuillerées à soupe de moutarde forte
1/4 de tasse de jus d'orange,
1/4 de tasse de bourbon

Dans une cocotte, mettre le jambon blanc ou les jambonneaux, ajoutez le bourbon, le miel. Ajoutez de l'eau chaude jusqu'à couvrir le jambon. Amenez doucement à ébullition. Eteignez et laissez macérer toute la nuit.
Le lendemain, égouttez. Incisez en croisillons et piquez de clous de girofle.
Mélangez le miel, la moutarde, le 1/4 de tasse de bourbon et le jus d'orange. Passez ce mélange au pinceau sur le jambon. Mettez sur la grille de la lèchefrite.
Laissez cuire à four moyen 1 h 1/2 environ. Badigeonnez de temps en temps le jambon avec le mélange. Servez avec des tranches d'ananas ou d'orange.

A noter

Cette recette peut être faite avec du jambon blanc à l'os, mais la taille de ces jambons est importante et le prix de la préparation devient trop élevé. De plus, ils sont difficiles à manier. Une solution satisfaisante : utiliser des jambonneaux ou un gros morceau de jambon blanc.

LANGUES DE MOUTON A LA HOLLANDAISE

Préparation : 1 heure ;
Cuisson : 2 h 1/2

Pour 6 personnes
12 langues de mouton
2 oignons, 2 gousses d'ail, thym, laurier, sel
100 g de miel
Une tasse de raisins de Smyrne
Une pincée de cumin en poudre
Une pincée de quatre-épices
1/4 de cuillerée à café de marjolaine en poudre
Un verre de vin blanc,
2 cuillerées à soupe de Maïzena

Faites tremper les langues de mouton à l'eau vinaigrée pour éliminer les traces de sang. Egouttez-les, mettez-les dans un fait-tout avec thym, laurier, ail, oignons. Couvrez d'eau froide, amenez à ébullition et laissez frémir 2 h jusqu'à ce que les langues soient tendres. Egouttez-les. Laissez légèrement refroidir pour pouvoir les manipuler. Enlevez la peau et les cartilages. Découpez en tranches. Filtrez le jus de cuisson. Réservez 1/2 litre de ce jus et versez le reste sur les langues pour éviter leur dessèchement.

Dans une casserole, mettez le 1/2 litre de jus de cuisson, le miel, les raisins, les épices, 1/2 cuillerée à café de sel. Laissez frémir. Délayez la Maïzena avec le vin, versez doucement dans la casserole en tournant. Laissez épaissir sans cesser de tourner. Egouttez les tranches de langue.

mettez-les dans la sauce. Laissez mijoter 10 minutes.
Servez avec du riz ou des pommes de terre vapeur.

PIGEONS A LA MAROCAINE

Préparation : 30 minutes ;
Cuisson : 45 minutes

Pour 6 personnes
3 ou 6 pigeons suivant leur taille
200 g de miel « toutes fleurs »
150 g de couscous en boîte, ou au détail dans les boutiques spécialisées
150 g de raisins de Smyrne,
100 g d'amandes
50 g de beurre
50 g d'huile
1 gros oignon,
Une pincée de safran
Une pincée de piment en poudre, sel
1 ou 2 bols de bouillon de bœuf ou de poule

Dans un mortier, pilez les amandes assez grossièrement. Faites tremper les raisins 15 minutes dans l'eau chaude, égouttez-les, ajoutez-les aux amandes ainsi que les épices : piment, safran, sel et oignon haché. Mélangez bien cette farce, et ajoutez-la au couscous. Arrosez avec le beurre fondu. Remplissez les pigeons de cette farce. Recousez l'ouverture. Placez-les côte à côte bien serrés dans une cocotte. Couvrez de bouillon ; couvrez la cocotte et laissez cuire jusqu'à ce que le bouillon soit évaporé et la viande tendre.
Versez alors l'huile dans le fond de la cocotte. Forcez la chaleur pour quelques minutes, puis ajoutez le miel. S'il est trop solide, faites-le fondre à feu doux afin de pouvoir napper facilement les pigeons. Continuez la cuisson 5 minutes seulement.
Servez avec du couscous et de la sauce Harissa (sauce pimentée d'Afrique du Nord vendue en flacon ou en boîte).

PORC CHINOIS A L'ANANAS

Préparation : 30 minutes ;
Cuisson : 15 minutes

Pour 6 personnes
750 g de grillade de porc, farine
3 gros poivrons verts
2 oignons, 2 gousses d'ail
Un verre de sauce de soja
1/2 verre de vinaigre
1 pointe de poivre de Cayenne
2 cuillerées à soupe de gingembre en poudre,
4 ou 5 grains de cardamome écrasés
4 tranches d'ananas en boîte (ou la même valeur d'ananas en morceaux)
3 cuillerées à soupe de miel, huile d'olive
Une cuillerée à soupe de Maïzena

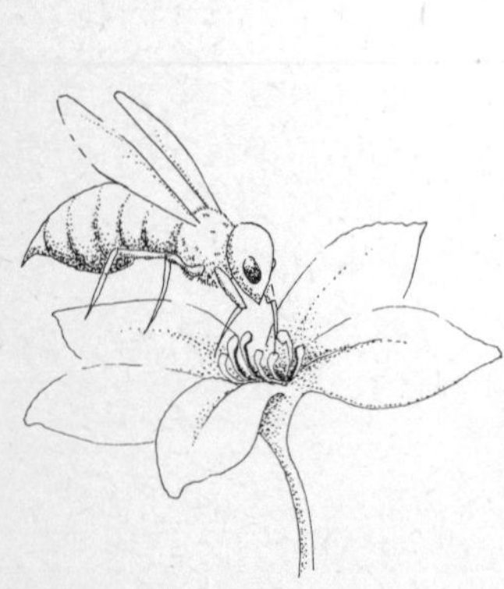

Egouttez les ananas, conservez le jus, coupez les rondelles en 6. Coupez la viande en petites lanières de 5 cm de long environ en suivant le sens des fibres de la viande. Farinez la viande. Coupez les poivrons en languettes après en avoir enlevé les graines. Emincez les oignons, hachez l'ail.

Dans une terrine, mettez la moitié de la sauce de soja ; ajoutez un verre de jus d'ananas, délayez la Maïzena.

Dans une sauteuse, mettez 3 ou 4 cuillerées d'huile. Dès qu'elle est chaude, faites dorer la viande en veillant à ce que les morceaux ne collent pas ensemble. Quand ils sont dorés, ajoutez le miel et laissez caraméliser légèrement. Ajoutez le vinaigre, le gingembre, le cayenne, la cardamome, la sauce à la Maïzena. Remuez à la cuillère de bois jusqu'à épaississement. Ajoutez les ananas, les poivrons, les oignons, l'ail. Couvrez, laissez mijoter 10 minutes ; les poivrons doivent rester fermes et bien verts. Ajoutez le reste de sauce au soja. Goûtez et salez si besoin. Servez avec du riz blanc.

POULET JAFFA

Préparation : 15 minutes ;
Cuisson : 40 minutes

Pour 6 personnes
Un poulet de 1 kg 500 coupé en morceaux
4 cuillerées à soupe de miel
Un verre de jus d'orange
Le jus d'un citron, sel, poivre de Cayenne

Mettez les morceaux de poulet dans un plat à four. Salez. Mélangez jus de citron, jus d'orange et miel. Répartissez sur le poulet. Laissez cuire 20 minutes sur le gril du four. Retournez, poudrez de poivre de Cayenne. Continuez la cuisson en arrosant de temps en temps avec le jus qui s'écoule, jusqu'à ce que la viande soit tendre, encore 20 minutes.
Servez avec des tranches de pamplemousse ou d'orange.

POULET A LA MAROCAINE

Préparation : 20 minutes ;
Cuisson : 1 h 1/2

Pour 6 personnes
Un beau poulet
Une cuillerée à café de sel,
Un oignon émincé,
Une pincée de safran
50 g de beurre,
1 cuillerée de miel

Pour la farce :
75 g d'amandes
100 g de semoule de couscous
Une noix de beurre,
Une pointe d'Harissa,
150 g de raisins de Smyrne gonflés à l'eau bouillante,
Une pointe de safran
2 cuillerées à soupe de miel.

Travaillez bien ensemble tous les éléments de la farce. Remplissez le poulet de cette préparation. Recousez-le. Dans une braisière ou une cocotte, mettez le poulet, le sel, l'oignon émincé, le safran. Mouillez d'eau pour que le poulet soit à moitié couvert. Couvrez. Quand l'eau bout, ajoutez le beurre. Laissez cuire 1 h 1/2 environ, jusqu'à ce que la chair du poulet se détache. Laissez dorer sans attacher. Au moment de servir, ajoutez une cuillerée de miel dans la sauce et poivrez abondamment.
Servez, accompagné de semoule de couscous cuit à la vapeur.

TAJINE DE MOUTON AU MIEL ET AUX OIGNONS

Préparation : 15 minutes ;
Cuisson : 4 heures

Pour 6 personnes
1,500 kg de mouton en morceaux, collier, ou épaule ou haut de côtes
300 g de miel
Epices : un bâton de cannelle, une pincée de gingembre
Une cuillerée à café de safran, sel
2 bottes d'oignons nouveaux ou 1 kg d'oignons doux

Mettez la viande à l'eau bouillante, juste couverte à hauteur, avec toutes les épices, le sel et 2 cuillerées à soupe de miel. Quand la viande est à moitié cuite (2 h), ajoutez les oignons entiers ou en quartiers. Couvrez du reste de miel. Fermez le récipient. Mettez à petit feu jusqu'à ce que la viande se détache des os et que le jus soit complètement réduit (environ 2 h).
Servez tel quel, sans accompagnement.

TRAVERS DE PORC A LA MANIÈRE CHINOISE

Préparation : 15 minutes ;
Cuisson : 20 minutes

Pour 6 personnes
1 kg de travers de porc frais ou demi-sel (haut de côtes avec os)
1/2 verre de vin de Porto
1/2 verre d'huile
4 cuillerées à soupe de sauce de soja
2 cuillerées à soupe de vinaigre de vin
4 cuillerées à soupe de miel
1 cuillerée à café de sauce tabasco

Coupez les hauts de côtes entre chaque os et en plusieurs morceaux de 5 cm environ.
Dans un saladier, mélangez tous les ingrédients énumérés ci-dessus et ajoutez-y les petits morceaux de côtes en mélangeant de temps en temps. Laissez macérer 2 h.
Egouttez et disposez les petites côtes sur la grille de la lèchefrite du four. Faites griller sous le plafond rayonnant du four, retournez à mi-cuisson. La viande doit être bien dorée et croustillante (10 minutes de chaque côté).

Servez avec de la sauce de soja mélangée d'une cuillerée à café de concentré de tomate et la même proportion de moutarde forte, ou accompagné de purée de légumes au miel (voir p. 51).

VIANDE DE MOUTON CONFITE

Préparation : 20 minutes ;
Cuisson : 3 h 1/2

Pour 6 à 8 personnes
2 kg de mouton,
pris dans l'épaule,
le haut de gigot,
le collier
Une couenne de porc
300 g de raisins secs
Une louche d'huile d'olive
50 g de beurre
100 g de miel, 1 oignon
Une cuillerée à café
de safran
Une pointe d'Harissa
ou Ras El-Hanout

Dans une daubière, mettez la couenne de porc gras contre le fond du récipient (on peut aussi mettre une assiette renversée qui empêchera la viande d'attacher), ajoutez 1/2 litre d'eau, la viande coupée en morceaux, l'huile, le beurre, l'oignon émincé, toutes les épices.
Fermez la daubière, laissez cuire 3 h à petit feu. Quand la viande est cuite, ajoutez le miel et les raisins secs préalablement trempés dans l'eau chaude, laissez cuire encore 30 minutes.
Pour servir, ajoutez 250 g d'amandes que vous aurez fait dorer dans 20 g de beurre et saupoudrez-les de safran.

VIANDE DE MOUTON QUAMAMA

Préparation : 30 minutes
Cuisson : 3 heures

Pour 8 personnes
2 kg de mouton
épaule ou côtelettes,
huile
2 citrons
2 gousses d'ail
100 g de miel
1/4 de cuillerée à café
de safran
500 g d'oignons
1 pointe de poivre
de Cayenne
Un bouquet de coriandre

Faites bouillir la viande (couvrez d'eau juste à hauteur) avec un peu de sel, un oignon, l'ail, le jus d'un citron. Quand la viande est cuite, égouttez-la. Dans un récipient mettez un peu d'huile et faites dorer les oignons émincés. Mettez la moitié du miel. Placez par-dessus les morceaux de viande. Poudrez de toutes les épices. Faites chauffer le reste de miel et arrosez la viande. Mettez à four très doux pendant une heure. Vérifiez en cours de cuisson que la sauce n'attache pas. Au besoin rajoutez un peu d'eau. Pour servir, décorez de rondelles de citron.

LÉGUMES ET FRUITS

On oublie trop souvent que le miel donne aux légumes et aux fruits un parfum délicat. Il existe pourtant de nombreuses possibilités : des mélanges classiques aux alliances étonnantes. Essayez-les. Vos amis ou votre famille seront conquis par cette cuisine qui tranchera avec la monotonie des plats quotidiens.

PURÉE D'OIGNONS AU MIEL

Préparation : 1 heure ;
Cuisson : 45 minutes

Pour 6 personnes
1 kg d'oignons doux
1 verre d'huile d'olive
Sel, poivre de Cayenne
3 cuillerées à soupe de miel

Emincez un kilo de gros oignons doux. Mettez-les dans une poêle avec un verre d'huile d'olive, poudrez de sel et de poivre de Cayenne. Quand ils sont souples mais non dorés, ajoutez quelques cuillerées de miel. Laissez cuire 10 minutes.
Servez avec des côtelettes de porc.

PURÉE DE POTIRON AU MIEL

Préparation : 10 minutes ;
Cuisson : 20 minutes

Pour 6 personnes
1 tranche de potiron
3 cuillerées à soupe de miel
3 cuillerées à soupe de crème fraîche
Sel

Faites cuire dans très peu d'eau des gros cubes de potiron (ou de courge). Quand ils sont souples sous la fourchette, salez, arrosez de quelques cuillerées à soupe de miel et d'autant de crème fraîche. Servez avec une viande blanche ou du gibier.

RIZ PILAF AUX FRUITS SECS

Préparation : 20 minutes ;
Cuisson : 20 minutes

Pour 6 personnes
250 g de riz long grain
Une cuillerée à soupe de miel
2 cuillerées à soupe de raisins de Corinthe
Une douzaine de pruneaux
4 cuillerées à soupe d'amandes concassées
4 cuillerées à soupe de pignons
50 g de beurre, 1 cuillerée à soupe d'huile
Sel, poivre de Cayenne

Faites tremper raisins et pruneaux à l'eau chaude. Dénoyautez les pruneaux, coupez-les en lanières. Dans une cocotte, faites fondre la matière grasse. Faites légèrement cuire le riz bien sec en remuant à la cuillère de bois (5 minutes), ajoutez les fruits secs et les amandes, le miel, le sel. Couvrez d'un 1/2 litre d'eau chaude. Amenez à ébullition, couvrez. Laissez cuire à feu doux jusqu'à ce que le liquide soit absorbé (20 minutes environ).
Servez avec des brochettes ou un rôti de mouton grillé.

TAJINE AUX PRUNEAUX

Préparation : 15 minutes ;
Cuisson : 1 h 1/2

Pour 6 à 8 personnes
2 gros poulets
Un kg de pruneaux bien souples
Une pincée de safran
2 oignons, poivre du moulin
Quelques grains de coriandre écrasés
Un bol de miel
Une cuillerée à café de sésame doré au four (facultatif)

Faites gonfler les pruneaux à l'eau chaude. Dans un fait-tout, mettez les poulets entiers, les épices, les herbes (sauf poivre et sésame). Mettez de l'eau à hauteur. Laissez cuire jusqu'à ce que les chairs soient tendres et le bouillon réduit. Ajoutez les pruneaux et le miel, poivrez. Laissez cuire encore 15 à 20 minutes. Saupoudrez de sésame doré au four. Le sésame est une épice utilisée en Afrique du Nord et que l'on trouve dans les magasins de produits exotiques.

TAJINE AUX POIRES

Préparation : 30 minutes
Cuisson : 2 heures

Pour 6 personnes
1 kg de mouton
en morceaux
1 kg de poires
50 g de beurre
1 cuillerée à soupe de miel
1 pincée de safran
Sel, poivre,
1 cuillerée d'huile
Un bol de miel
1 bouquet de coriandre
1/4 de cuillerée à café
de gigembre

Dans un fait-tout, mettez la viande, l'huile et les épices. Couvrez d'eau. La viande est bien cuite lorsque le bouillon a réduit. Ajoutez le miel.
Pendant ce temps, épluchez, épépinez les poires. Coupez-les en quartiers. Faites fondre à la poêle les 50 g de beurre. Faites cuire doucement les poires, ajoutez la cuillère à soupe de miel. Laissez caramé-liser légèrement. Disposez les poires sur la viande et laissez cuire encore 20 minutes à feu doux en remuant de temps en temps le fond de la préparation pour éviter que la sauce n'attache.

PATISSERIES ET CONFISERIES

Vous aimez le pain d'épices bien parfumé ? Vous avez envie d'essayer les recettes de grand-mère : fruits en bocaux à l'ancienne, tarte au miel et aux noix, cake au miel, etc. ? Voici une série de recettes à essayer et à savourer.

BEIGNETS TUNISIENS

Préparation : 45 minutes ; Cuisson : 10 minutes par série

Pour 20 à 30 beignets
2 gros œufs
4 cuillerées à soupe d'huile
4 cuillerées à soupe de jus d'orange
1 cuillerée à soupe de zeste d'orange
4 cuillerées à soupe de sucre
280 g de farine
plus 1 cuillerée à soupe de levure en poudre
500 g de miel

Dans une terrine, cassez les œufs et battez-les à la fourchette comme pour une omelette ; ajoutez l'huile, le jus d'orange et le zeste ; continuez à battre en ajoutant peu à peu 4 cuillerées à soupe de sucre. Pesez alors 280 g de farine dans laquelle vous mettez la levure ; ajoutez cette farine dans le mélange précédent en continuant à fouetter vigoureusement. Laissez reposer 1 h. Etalez au rouleau sur une planche, découpez des rondelles avec un verre, farinez. Faites frire à l'huile chaude les rondelles jusqu'à ce qu'elles soient dorées. Egouttez-les sur un papier absorbant. Plongez-les quelques minutes dans le miel bouillant. Egouttez et servez.

BISCUITS A L'ALLEMANDE

Préparation : 40 minutes ;
Cuisson : 15 minutes

Pour 25 biscuits environ
500 g de farine
1/2 cuillerée à café de levure chimique en poudre
500 g de miel
1/2 cuillerée à café de cannelle
1/2 cuillerée à café de quatre-épices
2 clous de girofle pilés
Sel
50 g de beurre

Dans une terrine, mettez la farine, la levure et les épices, une pointe de sel. Amenez doucement le miel à ébullition. Ajoutez le beurre. Faites un puits dans la farine, ajoutez le miel en délayant peu à peu jusqu'à obtenir une pâte homogène. Beurrez une tôle. Disposez la pâte : la valeur d'une cuillerée à café à la fois, en laissant un espace entre les biscuits.
Faites cuire 15 minutes à four moyen.
Laissez refroidir sur grille. Ces biscuits se conservent dans une boîte métallique.

BISCUITS BULGARES

Préparation : 40 minutes ;
Cuisson : 15 minutes

Pour 24 biscuits environ
4 cuillerées à soupe de miel
4 cuillerées à soupe de sucre en poudre
150 g de farine
1 cuillerée à café de levure
Sel
1 jaune d'œuf
125 g de beurre
125 g de sucre en poudre pour glaçage

Faites fondre le beurre, versez-le dans une terrine. Quand il est refroidi, ajoutez le miel, le sucre, le jaune d'œuf. Battez au fouet électrique. Ajoutez la levure à la farine, puis celle-ci peu à peu dans le mélange au miel sans cesser de travailler. Pétrissez à la main, mettez en boule. Faites des boules de la taille d'une grosse noix, roulez-les dans la farine, puis trempez le côté extérieur dans le sucre. Déposez sur une tôle à pâtisserie non beurrée côté sucré sur le dessus.
Faites cuire 15 minutes, à th. 4-5.

BISCUITS DE LA SAINT-NICOLAS

Préparation : 1 h ;
Cuisson : 15 minutes

Pour 5 douzaines de biscuits
200 g de beurre
280 g de farine
1/4 de cuillerée à café de levure en poudre
1 cuillerée à soupe de cannelle
1/2 cuillerée à café de muscade râpée
1/2 cuillerée à café d'anis étoilé pulvérisé
3 clous de girofle réduits en poudre
1 pointe de sel
150 g de miel,
3 cuillerées à soupe de lait
Un bol d'amandes

Dans une terrine, mettez la farine et les épices, la levure, le sel. Dans une autre terrine, travaillez bien le beurre (sorti du réfrigérateur depuis la veille) pour qu'il se mette en pommade ; ajoutez le miel et le lait, enfin la farine, cuillerée par cuillerée, en travaillant bien le mélange. Pétrissez à la main et faites une boule. Laissez reposer.

Etendez la pâte au rouleau entre deux épaisseurs de papier sulfurisé pour éviter qu'elle ne colle. Quand elle n'a plus que quelques millimètres d'épaisseur, découpez les biscuits en rectangles de 3 × 6 cm environ. Incrustez quelques amandes coupées dans le sens de l'épaisseur. Mettez au froid pour raffermir la pâte. Déposez sur une tôle beurrée. Faites cuire 15 minutes à four moyen (th. 5).

Quel miel choisir ?

Comme pour la cuisine salée (voir p. 41) et sauf indication spéciale, nous vous conseillons d'utiliser un miel toutes fleurs. Vous pourrez toutefois réserver, pour accompagner petits déjeuners et goûters, des miels à la saveur plus raffinée : acacia, oranger, sainfoin. De même, certains miels corsés (bruyère, sarrasin) donneront à vos pains d'épices une saveur plus accentuée.

Rappelons que le miel peut être liquide ou cristallisé. Réchauffé si besoin est, le miel cristallisé se liquéfie à la chaleur.

BONBONS A L'ANCIENNE

Préparation : 40 minutes ;
Cuisson : 20 minutes

Il faut un peu d'habitude pour les réussir à bonne consistance, mais il est bien utile d'en avoir en réserve pour l'hiver ; en effet, ils sont efficaces pour soigner les affections de la gorge et les rhumes.

On peut préparer ces bonbons avec différentes proportions.

Le bonbon au demi : moitié sucre, moitié miel.

Le bonbon au tiers : 1/3 miel, 1/3 sucre, 1/3 beurre.

Le bonbon au quart : miel, sucre, beurre et chocolat.

Mettez les ingrédients choisis ensemble dans une casserole, chauffez à feu doux sans cesser de tourner à la cuillère de bois, jusqu'à ce que le mélange épaississe. Au bout de 15 à 20 minutes, laissez tomber une gouttelette du mélange sur un marbre huilé ; ce mélange doit avoir une consistance pâteuse et ne pas s'étaler.

Versez alors sur le marbre. Avec des gants de caoutchouc, roulez la pâte en boudin ; séparez ensuite en bâtonnets, puis coupez rapidement aux ciseaux. Poudrez de sucre glace pour éviter qu'ils ne collent.

CAKE AU MIEL

Préparation : 30 minutes ;
Cuisson : 1 h

Pour 10 personnes
150 g de beurre,
200 g de miel
4 œufs
250 g de farine,
Une pointe de sel
1/2 paquet de levure chimique en poudre
100 g de raisins de Corinthe
1 verre à liqueur de rhum
100 g de fruits confits hachés

Pour glacer :
miel et lait

Faites tremper les raisins dans l'eau chaude.

Dans une terrine, mettez le beurre travaillé en pommade (il doit être sorti depuis longtemps du réfrigérateur). Ajoutez peu à peu le miel liquide en travaillant vigoureusement à la cuillère de bois. Puis ajoutez les œufs entiers, l'un après l'autre, en travaillant énergiquement entre chaque œuf. Dans la farine, mettez sel et levure. Ajoutez la farine dans le mélange au miel. Travaillez bien la pâte qui doit être épaisse. Ajoutez les fruits confits et le rhum, puis les raisins bien égouttés. Mélangez à nouveau.

Versez dans un moule garni de papier sulfurisé beurré. Faites cuire à four peu chaud (th. 4) jusqu'à ce que le cake soit bien monté. Un four trop chaud, en faisant fondre le beurre, provoquerait la chute des fruits au fond du moule. Augmentez ensuite la température pour dorer le gâteau. La cuisson totale est d'une heure environ. Contrôlez avec une brochette piquée au cœur du gâteau ; elle doit ressortir sèche. A la sortie du four, délayez une cuillerée de miel avec une cuillerée de lait chaud. Badigeonnez le dessus du cake. Démoulez froid.

CONFITURE DE POTIRON ET ABRICOTS SECS

Préparation : 40 minutes ; Cuisson : 1 h

Pour 8 pots de 500 g environ
2 kg de potiron
500 g d'abricots secs
2 kg de miel

Faites tremper les abricots jusqu'à ce qu'ils soient souples. Coupez le potiron en petits cubes. Mettez-les dans une casserole avec un verre d'eau. Couvrez, laissez cuire à petit feu jusqu'à ce qu'ils soient souples (environ 20 minutes). Egouttez dans une passoire et passez la pulpe au moulin-légumes.
Egouttez les abricots. Mettez-les dans une casserole avec le miel, laissez venir doucement à ébullition, puis laissez cuire 15 minutes. A ce moment-là, les abricots doivent être bien assouplis. Versez doucement le mélange sur la pulpe de potiron. Remettez à cuire l'ensemble 20 minutes environ sans cesser de tourner. Versez la confiture encore chaude dans les pots ébouillantés. Quand elle est refroidie, protégez-la par un rond de papier sulfurisé trempé dans l'eau-de-vie. Couvrez à l'aide de paraffine ou d'un papier cellophane.

CROQUETS AUX AMANDES

Préparation : 30 minutes ;
Cuisson : 1 h

Pour un gâteau de 25 cm de long
500 ou 600 g de miel
600 g de farine,
1 pointe de sel
250 g d'amandes non mondées (avec la peau)
1 verre à liqueur de rhum
1 cuillerée à café de cannelle
1/2 cuillerée à café de gingembre
1 cuillerée à café de clous de girofle
1 jaune d'œuf concassé

Faites chauffer le miel, puis, dans une terrine, versez le liquide chaud. Ajoutez la farine, puis les épices et le sel, les amandes grossièrement concassées, le rhum. Mélangez bien le tout. Sur la tôle du four, beurrée et farinée, disposez la pâte en une forme allongée comme un pain. Dorez au pinceau avec le jaune d'œuf délayé d'un peu d'eau. Quadrillez à la fourchette. Mettez à four moyen (th. 5) pendant 25 minutes, puis baissez la température pour la fin de la cuisson qui doit être au total de 50 à 60 minutes. Contrôlez la cuisson à l'aide d'une brochette qui doit ressortir sèche.

Coupez ce gâteau en portions à la sortie du four. Consommez frais ou rassis.

FRUITS EN BOCAUX A L'ANCIENNE

Préparation : 20 minutes ;
Cuisson : 15 minutes

Il est difficile de donner des proportions pour cette recette, car tout dépend de la taille des bocaux que l'on utilise. Cependant, en ce qui concerne le sirop au miel, il faut compter, pour 1 kg de miel, 300 g de vinaigre et quelques clous de girofle.

Choisissez des fruits bien sains et mûrs (pêches, prunes, abricots, raisin); essuyez-les et mettez-les en bocaux hermétiques. Faites bouillir miel, vinaigre et girofle, écumez. Versez ce sirop sur les fruits. Stérilisez 20 minutes.

LES GALETTES AU MIEL

Préparation : 30 minutes (repos de la pâte : quelques heures) ;
Cuisson : 30 minutes

Pour 6 galettes
500 g de farine,
1/2 sachet de levure chimique en poudre
125 g de beurre,
1 pointe de sel
180 g de miel
4 œufs
1 cuillerée à soupe de rhum

Dans une terrine, versez la farine, saupoudrez de levure. Mélangez. Faites un puits dans lequel vous mettez le sel, le beurre en morceaux, le miel, le rhum, 3 œufs entiers. Pour le dernier œuf, séparez le blanc du jaune. Conservez le jaune pour dorer les galettes plus tard ; ajoutez le blanc dans la terrine.

Commencez à travailler le contenu de celle-ci à la cuillère de bois, puis à la main jusqu'à obtenir une pâte homogène. Roulez cette pâte en boule. Laissez reposer quelques heures ou, mieux, préparez-la la veille. Au moment de la cuisson séparez la pâte en 6. Roulez chaque morceau en boule avec la paume de la main. Aplatissez au rouleau à 1/2 cm.

Posez sur la tôle à pâtisserie beurrée et farinée. Dorez le dessus des galettes avec le jaune d'œuf délayé d'un peu d'eau, quadrillez à la fourchette. Faites cuire à four moyen (th. 5) 25 à 30 minutes. Décollez à la spatule, faites sécher sur grille.

GATEAU AU MIEL A L'ALLEMANDE

Préparation : 20 minutes ;
Cuisson : 1 h 1/2

Pour 8 à 10 personnes
Pour le gâteau
20 g de beurre
750 g de farine
1 cuillerée à café de levure chimique en poudre
1 pointe de sel
1 cuillerée à café de zeste de citron
1 cuillerée à café de zeste d'orange
1 cuillerée à café de cannelle
1 cuillerée à soupe de cacao en poudre non sucré
Quelques clous de girofle pilés
100 g d'amandes concassées
2 cuillerées à soupe d'écorces d'oranges confites hachées
500 g de miel,
1 tasse de lait

Pour le glaçage
125 g de sucre glace tamisé
1 cuillerée à soupe de jus de citron
2 cuillerées à soupe de rhum
Amandes effilées

Dans une terrine, mélangez la farine, la levure, le sel, les épices, les amandes, les zestes de fruits, les écorces d'oranges. Mélangez. Amenez le miel à ébullition. Versez-le doucement au centre de la farine en remuant avec une cuillère de bois, jusqu'à obtenir un mélange homogène. Ajoutez le lait si le mélange se fait mal.
Versez dans un moule beurré et fariné. Faites cuire à four moyen (th. 5) 1 h 1/2 environ. Contrôlez la cuisson avec une brochette qui, plongée au centre, doit ressortir sèche. Démoulez sur grille.
Dans un bol, mettez le sucre glace tamisé, ajoutez le jus de citron, le rhum, délayez. Etalez sur le gâteau encore chaud. Poudrez d'amandes. Attendez plusieurs jours avant de consommer.

PETITS GATEAUX POUR LE GOÛTER

Préparation : 40 minutes ;
Cuisson : 15 minutes

Pour 40 gâteaux environ
500 g de miel,
500 g de farine
Un paquet de levure
de boulanger (10 g)
200 g de sucre,
250 g d'amandes
en poudre
40 g d'eau, 75 g d'écorces
d'oranges confites
1/2 cuillerée à café
de cannelle en poudre
Une pointe de noix
de muscade, un citron
2 cuillerées à soupe
de kirsch
1 cuillerée à café
de sel fin

Pour le sirop :
125 g de sucre, eau

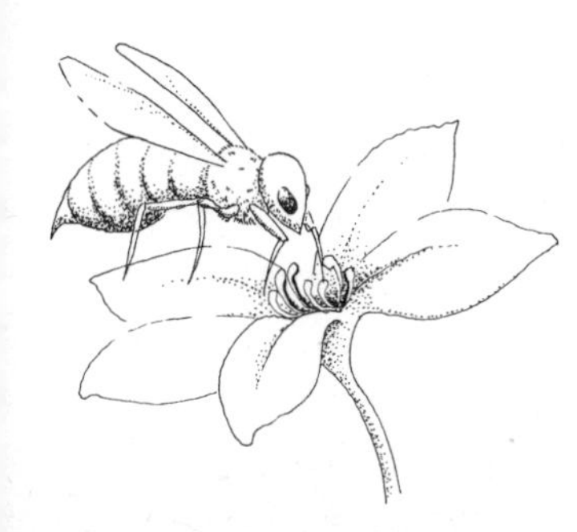

Faites chauffer le miel à feu doux. Ajoutez la poudre d'amandes, la cannelle, la muscade, le kirsch, le zeste de citron râpé et le jus du citron. Ajoutez également les écorces d'oranges confites coupées grossièrement.

Dans une terrine, versez la farine, le sel. Délayez la levure de boulanger avec 1 cuillerée à soupe d'eau tiède, ajoutez-la à la farine et délayez en ajoutant peu à peu le miel. Couvrez la terrine d'un linge et laissez reposer 3 à 4 h dans un endroit tiède.

Au moment de la cuisson, étalez la pâte au rouleau à 1 cm d'épaisseur. Posez sur une tôle beurrée. Faites cuire à four chaud 15 minutes. Découpez au couteau la pâte encore tiède, mais sans séparer complètement les morceaux (faites des rectangles de 3 cm à peu près).

Faites le sirop : mettez dans une petite casserole les 125 g de sucre, mouillez juste d'eau, faites bouillir quelques minutes. Passez au pinceau sur les biscuits.

GATEAUX D'ORIENT AUX AMANDES

Préparation : 20 minutes ;
Cuisson : 10 minutes
par série

Pour 12 gâteaux
Ces gâteaux se font
avec des feuilles
de « bricks ».
On trouve ces feuilles
toutes prêtes en paquet
dans les magasins
spécialisés en produits
orientaux ou israélites.

Pour la farce :
2 œufs
250 g de poudre d'amandes
250 g de sucre glace
1 pincée de sel,
1 cuillerée à soupe
de fécule
1 cuillerée à café
de cannelle
2 cuillerées à soupe d'eau
de fleur d'oranger
250 g de miel

Pour préparer la farce : battez les œufs en omelette dans une terrine en ajoutant peu à peu le sucre en poudre, la poudre d'amandes, puis la fécule, ajoutez la cannelle et l'eau de fleur d'oranger.

Au centre de chaque brick, disposez gros comme un petit œuf de farce, repliez les bricks en triangle ou en rouleau, en repliant bien à l'intérieur les bords arrondis de la crêpe pour que la farce ne s'échappe pas. (Au besoin, collez avec un peu de blanc d'œuf passé au pinceau.)
Faites frire à l'huile chaude. Egouttez, puis plongez dans le miel bouillant, le temps de faire les gâteaux suivants. Egouttez sur une grille et servez tout de suite.

GATEAU DE PALMYRE

Préparation : 30 minutes
Cuisson : 1 heure

Pour 6 à 8 personnes
250 g de miel
250 g de chocolat
à croquer
250 g de beurre
6 œufs
125 g de farine
1/2 sachet de levure
chimique en poudre
150 g de noisettes

Cassez le chocolat en morceaux. Mettez-le dans une casserole avec une cuillerée d'eau et une cuillerée de beurre. Laissez chauffer sans remuer. Dès qu'il cède sous la cuillère de bois, ajoutez le miel en tournant et laissez fondre l'ensemble.

Dans une terrine, travaillez le beurre pour le réduire en pommade, ajoutez peu à peu

le mélange miel et chocolat. Séparez les blancs des jaunes d'œufs. Ajoutez les jaunes à la préparation au chocolat, puis la farine mélangée à la levure, les noisettes passées à la moulinette.
Battez les blancs d'œufs en neige ferme et ajoutez-les à la pâte précédente. Versez dans le moule beurré et fariné. Laissez cuire 1 h environ à four moyen (th. 4-5). Vérifiez la cuisson à l'aide d'une brochette. Démoulez sur une grille à la sortie du four.
Servez avec une crème anglaise ou de la crème fraîche.

GATEAU RUSSE AUX ÉPICES

Préparation : 30 minutes ;
Cuisson : 1 h 1/2

Pour 6 à 8 personnes
1/2 bol de miel
Quelques râpures de muscade
1 cuillerée à café de cannelle
1 pincée de poudre de quatre-épices
1 cuillerée à café de bicarbonate
275 g de farine
1 cuillerée à café de levure chimique en poudre
1 pincée de sel
3 œufs

Faites bouillir le miel, ajoutez-y cannelle, quatre-épices, muscade et le bicarbonate. Dans une terrine, mettez les jaunes d'œufs (réservez les blancs). Ajoutez, dans les jaunes, le sucre peu à peu en battant bien pour obtenir un mélange coulant, puis ajoutez le beurre ramolli en pommade. Versez peu à peu le miel refroidi.
Dans la farine, ajoutez le sel, la levure chimique. Ajoutez, cuillerée par cuillerée, cette farine dans le mélange précédent. Mélangez les fruits secs, incorporez-les à la pâte.

60 g de beurre,
125 g de sucre roux
150 g de raisins de Corinthe
50 g de raisins de Smyrne
1 bol de noix hachées

Battez les blancs d'œufs en neige ferme. Ajoutez-les en soulevant la pâte sans tourner. Versez dans un moule à cake garni de papier sulfurisé beurré.
Faites cuire à four moyen (th. 4-5) 1 h 1/2 environ. Contrôlez la cuisson en plongeant une brochette au centre : elle doit ressortir sèche. Laissez rassir 48 h avant de consommer.

GAUFRES

Préparation : 15 minutes ;
Cuisson : quelques minutes, de chaque côté

Pour 4 personnes
250 g de miel liquide ou rechauffé
125 g de crème fraîche
250 g de farine,
1 pointe de sel
2 œufs
2 cuillerées à soupe d'eau de fleur d'oranger

Dans une terrine, versez la farine. Faites un puits dans lequel vous cassez les œufs. Délayez en ajoutant peu à peu le miel et la crème fraîche, puis l'eau de fleur d'oranger. Travaillez bien la pâte pour qu'elle soit homogène et emmagasine de l'air. Beurrez un gaufrier au pinceau avec du beurre fondu. Faites les gaufres comme à l'habitude.
Vous pouvez les servir avec du sucre glace, des confitures ou même encore du miel.

NOUGAT NOIR DE MÉNAGE

Préparation : 40 minutes ;
Cuisson : variable

Pour 25 nougats environ de 5 × 4 cm
1 kg de miel
250 g d'amandes avec leur peau
5 ou 6 grandes feuilles de pain azyme (en vente dans les magasins de produits israélites ou dans le rayon produits exotiques de certaines grandes surfaces)

Pour la confection des nougats, il vous faudra réaliser un moule simple dont le fond sera constitué par une surface froide : marbre, carrelage ou même stratifié (Formica par exemple). Les bords formés de petites planchettes pourront être faits en utilisant les côtés d'une petite caissette de fruits ou d'une claie à légumes.

Posez sur le marbre une ou deux feuilles de pain azyme (en rapport avec la dimension des planchettes). Découpez dans le pain azyme des bandes qui auront la dimension des planchettes latérales. Reformez une caissette en mettant ces bandes à l'intérieur des planchettes. Maintenez-les droites à l'aide de poids (par exemple les poids des balances anciennes).
Prenez une casserole en acier inoxydable ou mieux un poêlon en cuivre spécial pour la cuisson du sucre, c'est-à-dire non étamé. Versez le miel dans ce poêlon et, en tournant à la cuillère en bois, amenez doucement à ébullition. Laissez cuire à feu très doux et, pendant ce temps, nettoyez les amandes : mettez-les dans un torchon et

frottez-les doucement pour éliminer la poussière brune qui les enveloppe.
Versez-les dans le miel. Laissez cuire à feu doux sans cesser de remuer. Quand le miel commence à brunir et les amandes à pétiller, retirez la casserole du feu et remuez le mélange encore pendant 4 à 5 minutes.
Versez le nougat au centre de la petite caissette reformée et doublée de pain azyme.
Laissez en attente une heure avant de déposer par-dessus une ou deux feuilles de pain azyme aux dimensions exactes du nougat. Mettez par-dessus une planchette et plusieurs poids pour tasser. Laissez reposer 24 h avant d'enlever poids et planchettes.
Découpez au couteau en petits rectangles.

PAIN D'ÉPICES A L'ANCIENNE

Préparation : 20 minutes ;
Cuisson : 20 minutes

Pour 8 à 10 personnes
500 g de farine moitié froment, moitié seigle
500 g de miel coloré d'arrière-saison ou miel de sarrasin ou de bruyère
2 jaunes d'œufs

Portez le miel à ébullition, écumez-le, Dans une terrine contenant la farine, versez-le peu à peu sur celle-ci en travaillant à la cuillère de bois. La pâte est ferme. Laissez-la reposer 1/4 d'heure, puis retravaillez à nouveau et mettez-la dans un placard pendant 8 jours (au frais dans

10 g de bicarbonate
de soude (en pharmacie)
Quelques gouttes de fleur
d'oranger
Pour le décor : angélique
ou écorces d'orange
confite

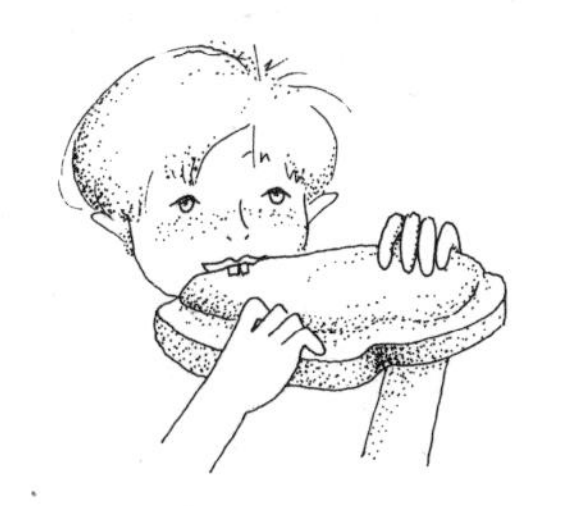

une terrine que l'on recouvre d'un linge). Au bout de ce temps, délayez le bicarbonate dans un peu d'eau, ajoutez-le à la pâte, ainsi que les jaunes d'œufs et la fleur d'oranger. Mettez dans un moule huilé de faible épaisseur ou même directement sur la tôle à pâtisserie du four. Décorez d'écorces d'orange ou d'angélique. Le four doit être suffisamment chaud pour « surprendre », mais il ne doit pas brûler. La cuisson dure 20 minutes environ.

PAIN D'ÉPICES A L'ANGLAISE

Préparation : 30 minutes ;
Cuisson : 1 h 1/2

Pour 8 à 10 personnes
450 g de miel
200 g de beurre
ou de saindoux
3 œufs
450 g de farine blanche
1/2 verre de lait
1 cuillerée à soupe
de gingembre pilé
au mortier
1 cuillerée à café
de bicarbonate de soude
(en pharmacie)
ou de levure chimique
en poudre

Faites chauffer le miel sur feu doux pour le liquéfier s'il est trop dur à travailler. Dans le miel encore chaud, ajoutez le beurre ou le saindoux également fondus. Versez le contenu de la casserole dans une terrine. Battez les œufs à la fourchette et ajoutez-les peu à peu en tournant. Versez également la farine et le gingembre. Mélangez bien. Faites dissoudre le bicarbonate dans le lait chaud et versez-le dans la préparation. Mélangez à nouveau. Tapissez 1 ou 2 moules à cake de papier sulfurisé beurré, versez la préparation en remplissant aux 3/4. Mettez à four pas très chaud (th. 4) pendant 1 h 1/2 environ.

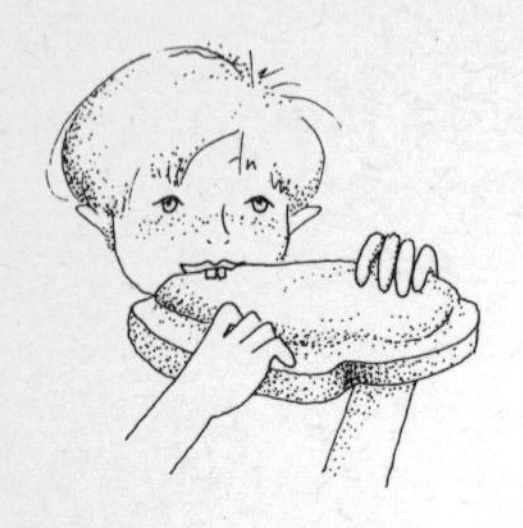

Vérifiez la cuisson en plongeant une fourchette au cœur du gâteau. Elle doit ressortir sèche. Démoulez le gâteau refroidi. Consommez rassis avec de la confiture d'oranges amères.

PAIN D'ÉPICES « AUX ÉPICES »

Préparation : 20 minutes ;
Cuisson : 1 h 1/2

Pour 10 personnes
300 g de farine de seigle
300 g de miel de sarrasin
3 cuillerées à café
de bicarbonate de soude
1/2 verre de lait tiède
Une pincée d'anis étoilé
Une pincée de cannelle
Une pincée de gingembre
1 clou de girofle pilé
1/2 cuillerée à café
de vanille en poudre
Une cuillerée à café
de zeste de citron et
de zeste d'orange
200 g de cerneaux de noix

Faites chauffer le miel pour le rendre liquide si nécessaire. Mélangez-le à la farine mise préalablement dans une terrine, puis ajoutez le bicarbonate délayé dans le lait chaud. Ajoutez également toutes les épices et les noix grossièrement pilées. Garnissez de papier sulfurisé beurré un ou plusieurs moules à cake. Remplissez-les aux 3/4. Enfournez à four moyen (th. 5) pour 1 h 1/2 environ. Contrôlez la cuisson avec une aiguille métallique qui doit ressortir sèche.

PAIN D'ÉPICES DE GRAND-MÈRE

Préparation : 20 minutes ;
Cuisson : 1 h 1/2

Pour 8 à 10 personnes
250 g de miel de sarrasin
250 g de marmelade
d'oranges
250 g de farine

Faites fondre le miel sans le laissez bouillir, ajoutez la marmelade d'oranges et tournez jusqu'à ce que le mélange soit chaud.

Dans une terrine, mettez la farine ; ajoutez le sel, les épices, l'huile, le lait, mélan-

1/2 sachet de levure chimique en poudre
3 cuillerées à soupe d'huile de noix (ou autre)
1/2 verre de lait
Une pincée de cannelle
Une pincée de gingembre
Une pointe de sel

gez en ajoutant le miel et la marmelade mélangés. Versez dans un moule garni de papier sulfurisé beurré.

Mettez à four doux (th. 3), faites cuire 1 h 1/2.

PAIN D'ÉPICES AVEC LE MIEL DE NOS RUCHES

Préparation : 20 minutes ;
Cuisson : 1 h

Pour 8 à 10 enfants
500 g de miel de sarrasin ou de bruyère
500 g de farine
Une pointe de sel
Un paquet de levure chimique en poudre
3 grains d'anis étoilé concassés
Une tasse à thé de lait

Faites chauffer doucement le miel jusqu'à ce qu'il devienne liquide. Dans une terrine, mélangez la farine avec le sel et la levure. Versez peu à peu le miel dans la farine en tournant. Si le mélange est trop dur, ajoutez le lait tiède peu à peu.
Tapissez de papier sulfurisé beurré un moule à cake. Versez la pâte aux 3/4 de la hauteur. Faites cuire à four moyen (th. 5) jusqu'à ce qu'une aiguille métallique plongée en son centre ressorte sèche (1 h environ).
Mettez 24 h à l'abri des gourmandises.
Servez en tranches minces beurrées de beurre salé.

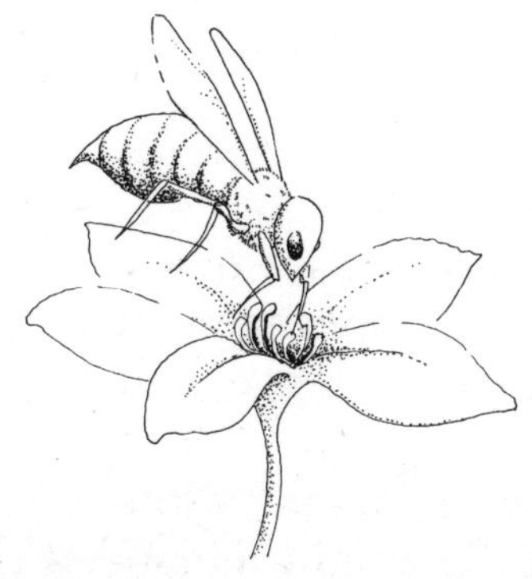

PRUNES A L'AIGRE-DOUX

Préparation : 1 h ;
Cuisson : 4 cuissons successives

Pour un bocal de 1 litre 1/2 environ

500 g de prunes, petites et fermes
1 litre de vinaigre d'alcool blanc
1 litre d'eau
500 g de miel
Poivre en grains, coriandre, clous de girofle
Un bâton de cannelle
Une branche d'estragon

Lavez et séchez soigneusement les prunes. Faites bouillir 1/2 litre seulement de vinaigre additionné de 1/2 litre d'eau. Mettez les prunes dans une terrine, versez dessus le liquide bouillant. Laissez macérer 2 h.

Egouttez ; gardez le liquide que vous faites à nouveau bouillir et que vous versez à nouveau sur les prunes ; laissez macérer 2 h. Egouttez, et jetez le liquide.

Faites bouillir le reste du vinaigre et le reste d'eau avec le miel et les épices. Dès que le miel est fondu, versez le liquide bouillant sur les prunes. Laissez refroidir. Egouttez. Mettez les prunes dans un bocal ébouillanté.

Faites à nouveau bouillir le liquide au miel et aux épices et versez doucement sur les prunes. Fermez hermétiquement. Laissez macérer une ou deux semaines avant de commencer à utiliser.

Les prunes sont utilisées comme condiment avec des viandes froides, on peut aussi les servir avec du gibier ou du rôti de porc.

TARTE AU MIEL ET AUX NOIX

Préparation : 40 minutes ;
Cuisson : 40 minutes

Pour 6 à 8 personnes et pour un moule de 25 cm de diamètre

Pour la pâte
200 g de farine
100 g de beurre
1 pincée de sel
3/4 de verre d'eau (verre à moutarde)

Pour la crème
150 g de miel
250 g de crème fraîche épaisse
2 œufs
Une cuillerée à café de cannelle
Une pincée de gingembre

Pour le glaçage et pour décorer
Une cuillerée à soupe de miel
Un blanc d'œuf
Une cuillerée à soupe de rhum
100 g de noix (quelques cerneaux pour décorer)

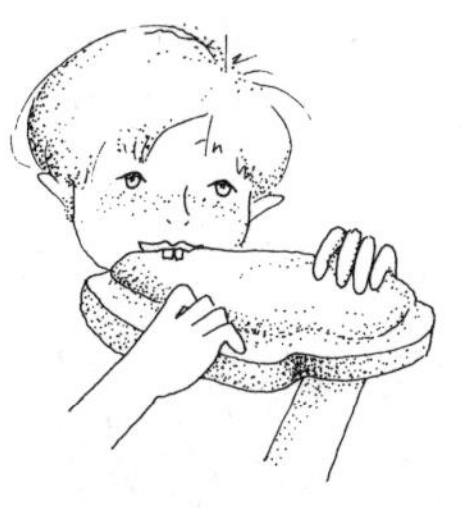

Préparez la pâte la veille si possible.
Dans une terrine, mettez la farine, le sel, le beurre ferme coupé en morceaux. Ecrasez chaque morceau de beurre entre le pouce et l'index afin de le réduire en lamelles. Répartissez ces lamelles dans la farine. Ajoutez la moitié de l'eau en rassemblant la pâte sans pétrir. Si nécessaire, ajoutez peu à peu le reste de l'eau (les farines, suivant leur qualité, absorbent plus ou moins d'eau). La pâte doit être souple, ni trop sèche ni mouillée ; sinon elle serait cassante. Laissez reposer au moins une heure.
Etalez sur une planche farinée, garnissez un moule à tarte de cette pâte.

Dans une terrine, mélangez le miel fondu, la crème, la cannelle, le gingembre et les 100 g de noix passées à la moulinette. Battez les œufs en omelette, ajoutez-les à la préparation, versez sur la pâte en faisant monter la crème légèrement contre les bords.
Mettez à four chaud (th. 8) pour saisir la pâte. Baissez la chaleur du four au bout de 20 minutes. Terminez la cuisson au th. 5. La cuisson totale demande 35 à 40 minutes. Vérifiez si le dessous de la

pâte est bien doré avant d'arrêter la cuisson.
Pendant ce temps, vous aurez battu légèrement à la fourchette le blanc d'œuf, versez-le, en le mélangeant, sur le miel liquide et ajoutez l'alcool. A la sortie du four, versez ce glaçage sur la tarte.
Décorez de cerneaux de noix pour servir.

TARTE AUX POMMES MIELLÉES

Préparation : 30 minutes
Cuisson : 40 minutes

Pour 6 à 8 personnes et pour un moule de 25 cm de diamètre

Pour la pâte
200 g de farine
100 g de beurre
1 pincée de sel
3/4 de verre d'eau

Pour la garniture
1 kg de pommes reinettes ou boskop
150 g de miel
100 g de crème fraîche

Préparez la pâte comme il est indiqué dans la recette précédente. Faites-la, la veille si possible et laissez-la reposer au froid. Etalez au rouleau et garnissez de cette pâte un moule à fond démontable si possible. Epluchez, épépinez les pommes. Coupez-les en tranches fines. Garnissez en rosaces le fond de tarte. Faites chauffer le miel et répartissez-le sur les pommes. Mettez à four chaud (th. 7) au deuxième gradin à partir du bas. Servez cette tarte de préférence tiède avec une jatte de crème fouettée ou non, mais non sucrée.

BOISSONS AU MIEL

S'il vous vient au cœur, un soir d'hiver, quelque regret des tisanes ou du lait chaud de votre enfance, n'oubliez pas que nos grand-mères y ajoutaient toujours, avec un brin de tendresse, deux cuillerées du miel de leurs ruches.

CAFÉ FINI

Pour un grand verre
1 cuillerée à soupe de miel
1 petite tasse de café fort
1 verre à liqueur d'alcool de poire

Préparez un café 2 fois plus fort qu'à l'habitude. Remplissez les verres de café à 1/3 de leur hauteur, ajoutez le miel et l'alcool. Complétez avec de l'eau très chaude. Mélangez à la cuillère avant de servir.

L'hydromel, boisson des dieux et des Gaulois

La fabrication de l'hydromel n'est pas simple. Aussi est-il plus pratique de l'acheter tout fait chez l'apiculteur. Il s'agit, en effet, d'une fermentation alcoolique assez semblable à celle que l'on fait avec le moût de raisin pour obtenir du vin. Ici c'est la fermentation des sucres du miel qu'il faudra obtenir.

Cette fermentation peut se faire par adjonction de levure au « moût de miel » (c'est-à-dire un mélange d'eau et de miel bouilli : 2,700 kg pour 10 litres).

On peut remplacer la levure par des jus de fruits (framboise, cassis, etc.) : 1/3 de jus de fruits pour 2/3 de moût, ou mieux les fruits entiers écrasés.

La fermentation se fait en tonneaux propres (local à 20 °C), les fruits maintenus hors du contact de l'air par une claire. Laissez plusieurs jours.

Mélangez fruits et moût de miel. Laissez fermenter un mois environ. Filtrez. Pour clarifier, ajoutez un blanc d'œuf battu avec 5 g de sel. Laissez reposer ; filtrez à nouveau ; mettez en bouteille.

CHRYSOMEL

Préparation : 15 minutes ;
Cuisson : 50 minutes

Dans un grand fait-tout, versez 2 kg de miel et délayez-le avec 2 litres d'eau. Laissez cuire à petit feu, en remuant de temps en temps, en attendant que la préparation réduise de moitié. Ajoutez alors la valeur d'un litre de bonne eau-de-vie. Parfumez, si vous le désirez, avec de la vanille en gousse ou de la cannelle. Laissez ainsi macérer 15 jours avant de filtrer et de mettre en bouteille.

GROG

Par verre
Une cuillerée à soupe de miel
Un verre à liqueur de rhum

Versez sur ce mélange de l'eau chaude. Prenez la précaution de mettre une cuillère dans chaque verre pour éviter que ceux-ci ne se brisent sous l'action de la chaleur.

GROG DE LA LOUISIANE

Préparation : 15 minutes ;
Cuisson : 10 minutes

1 litre de rhum
1 bâton de vanille
1 écorce d'orange
150 g de miel

Dans un bocal, ajoutez à un litre de rhum un bâton de vanille, une écorce d'orange. Faites bouillir 150 g de miel. Laissez-le refroidir, puis mélangez-le avec le rhum. Laissez macérer 15 jours. Filtrez. Mettez en bouteille.

GROG SUDORIFIQUE

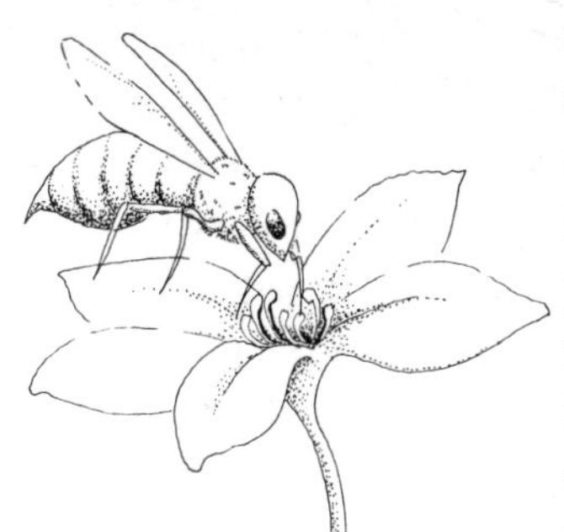

Remplissez un grand bol aux 2/3 avec de l'eau bouillante. Ajoutez 2 bonnes cuillerées à soupe de miel de bruyère, de tilleul ou de sauge, et le jus d'un citron. Buvez la préparation aussi chaude que possible en ayant aussi chaud que possible (pull-overs, couverture).
Ce remède simple et économique permet, en transpirant beaucoup, d'éliminer rhumes et fièvres bénignes.

LAIT DE POULE

Pour un grand verre
1 œuf
1 verre de lait
1 cuillerée à soupe de miel
1 verre à liqueur de kirsch

Dans une terrine, battez le jaune d'œuf vivement en ajoutant le lait bouillant peu à peu. Filtrez. Dans chaque verre mettez le miel, le kirsch, répartissez le lait.

LIQUEUR DE GENIÈVRE

Pour 1 litre 1/2 de boisson
1 litre de bonne eau-de-vie
30 g de baies de genièvre
Un bâton de cannelle
300 g de miel
100 g d'eau

Faites macérer pendant 3 semaines le genièvre et la cannelle dans l'eau-de-vie. Au bout de ce temps, faites bouillir le miel et l'eau, puis mélangez doucement les deux préparations. Filtrez, puis mettez en bouteilles ou en bocaux fermés. La liqueur peut être consommée tout de suite.

LIQUEUR D'ORANGE OU DE CITRON

Pour 1 litre 1/2 de boisson
Un litre de bonne eau-de-vie
Une orange ou 1 citron
300 g de miel,
100 g d'eau

Dans un bocal, mettez le fruit coupé en 4 (enlevez les pépins autant que possible). Versez l'eau-de-vie. Faites dissoudre le miel en le chauffant avec les 100 g d'eau. Ajoutez à l'eau-de-vie. Laissez macérer 3 semaines avant de filtrer. Consommez dès ce moment-là.

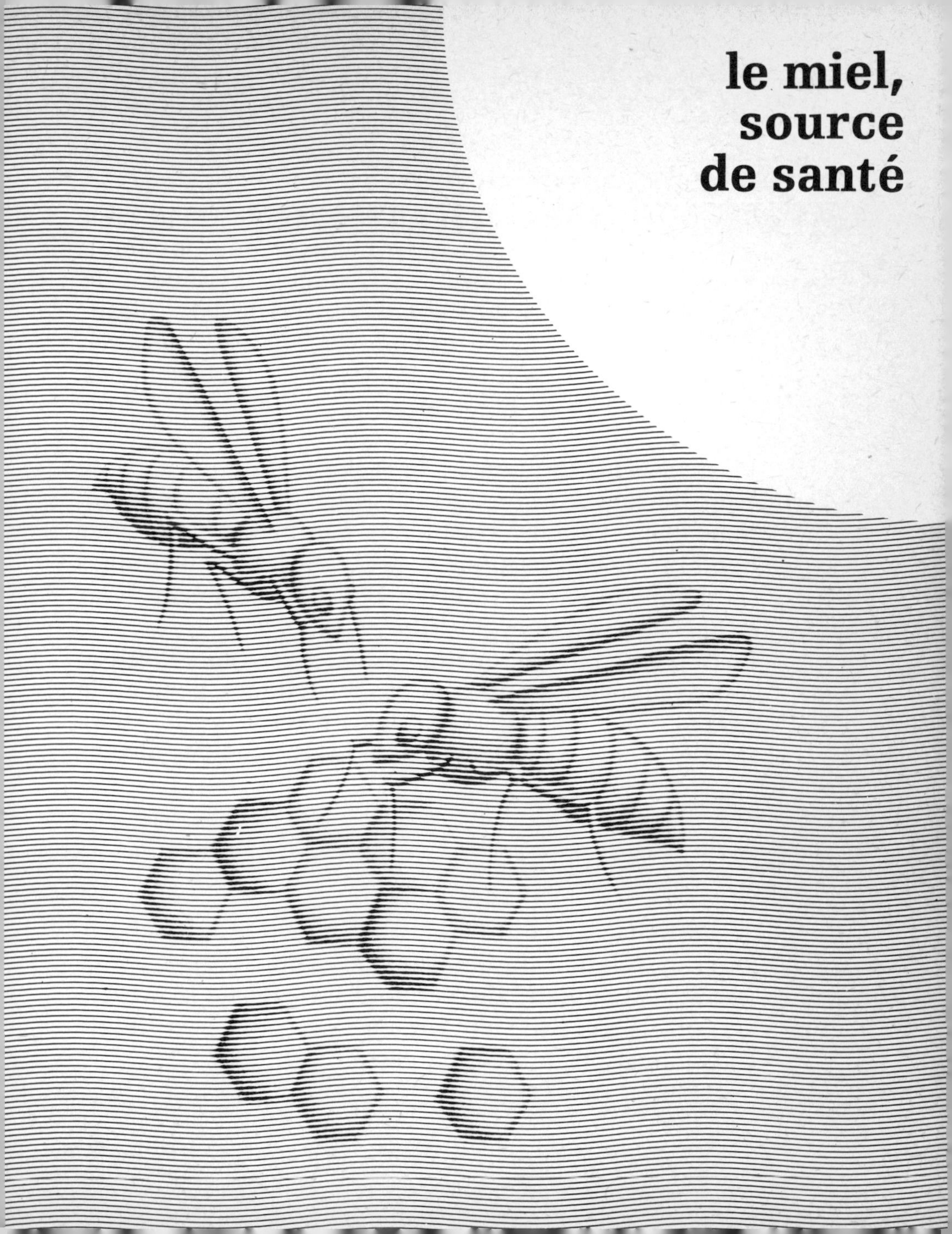

le miel, source de santé

LE MIEL, ALIMENT OU REMEDE?

Le miel est-il un aliment miracle comme on a voulu trop souvent le vanter ? Cela reste à prouver scientifiquement. Le miel cependant continue à intéresser nombre de chercheurs, et des essais thérapeutiques (notamment en Suisse et en U.R.S.S.) semblent avoir donné des résultats positifs.

Pour n'en citer que quelques-uns, signalons : l'utilisation avec succès du miel par les Soviétiques, pendant la guerre, pour les soins des plaies externes◇ ; la thérapeutique positive en Suisse et en U.R.S.S.◇ des ulcères de l'estomac grâce à l'ingestion de 500 g de miel par jour ; la relation du docteur américain Jarvis◇ sur la médecine populaire du Vermont qui signale la prévention et la guérison du rhume des foins par simple consommation de miel en rayons.

◇ *Expérience du bactériologiste J.-C. Bosset, citée par Alin Caillas :* Vivez mieux, restez jeunes grâce aux abeilles *(chez l'auteur, 1970).*

◇ *Expérience du Dr Levenson, de Moscou, citée par Alin Caillas :* Gagnez vingt ans de vie grâce aux abeilles *(Paris, Editions de la Pensée moderne, 1971).*

◇ *Dr Jarvis :* Ces vieux remèdes qui guérissent *(Paris, Robert Laffont, 1962).*

Il était une fois...

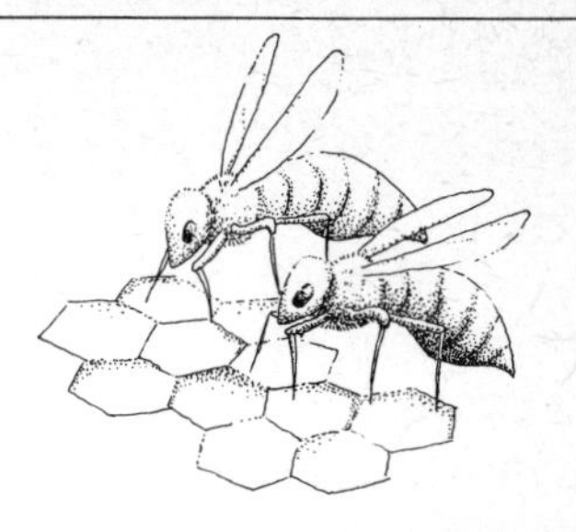

Il est, bien sûr, devenu banal de remonter, suivant la phrase consacrée, « à la plus haute Antiquité ». Pourtant, les civilisations anciennes apparaissent toutes imprégnées du symbole qu'est devenu le miel, suc des butineuses sacrées nées, suivant les légendes, de la force du lion, du sang du taureau ou des larmes de quelque divinité.
Trente-huit fois dans la Bible, la Terre promise est comparée à un Eden où coulent le lait et le miel. Dans le Coran, cette même promesse est faite du paradis d'Allah baigné de la douceur du miel et de la fraîcheur des eaux courantes.
Plus qu'un symbole, les abeilles deviendront divinités dispensatrices de l'aliment-remède, élixir de longue vie, emblème de survie et de résurrection. Le miel sera répandu sur les autels, offert aux dieux et aux morts dont il sera la nourriture de survie dans l'au-delà.
En Grèce, « miel à l'intérieur, huile à l'extérieur » semble la devise des médecins, des héros et des élégants. On en prépare des philtres pour les malades, des onguents pour les blessés. Plus pratiques, les Romains trouveront au miel de nombreuses applications médicinales, l'utilisant, entre autres, pour les soins de la peau et contre la dysenterie.
Reconstituant, il donne des forces aux gladiateurs avant le combat. Le vin miellé est distribué aux soldats après la bataille.
Les Gaulois découvriront la même sagesse, buvant de l'hydromel pour fêter leurs victoires et du vin miellé après la chasse et les combats.
L'empirisme a maintenu au cours des siècles et jusque dans l'« office » de nos grand-mères ce respect pour les propriétés du miel. Il était aliment quotidien, sucrant boissons et compotes, mais aussi remède des gorges enflammées, des toux récalcitrantes et des sommeils rétifs.
Saurons-nous apprécier à nouveau les mérites d'un produit que l'instinct servit pendant des siècles et que la science réaffirme aujourd'hui ?

UN PRODUIT PUR ET NATUREL

Notre but n'est pas ici de faire une compilation de tous les essais et mémoires rédigés en faveur du miel. Ce qui est sûr (ceci nous ayant été transmis par des générations de sagesse populaire et reconnu scientifiquement), c'est que le miel présente des propriétés physiobiologiques évidentes. Que ces qualités soient suffisantes pour qu'on lui délègue une efficacité thérapeutique universelle et exclusive reste à prouver. Cependant, le miel est, dans notre civilisation industrielle, un des rares produits resté pur et naturel et c'est peut-être en cela qu'il peut aussi être considéré comme un aliment miracle.

En étudiant la composition et la spécificité du miel dépendantes des plantes dont il est extrait, nous découvrirons que le miel est un élément vivant dont les qualités moyennes constantes se trouvent enrichies des propriétés relatives aux plantes butinées. C'est en cela que « le plus doux et le plus sain des sucs◇ », s'il n'est pas l'aliment-remède par définition, reste l'aliment naturel biologique et diététique par excellence ; celui dont, à l'extrême, on pourrait dire que la qualité principale est *primum non nocere :* d'abord ne pas nuire. On rejoindrait ainsi le mouvement des médecins amis du miel◇ pour favoriser et étendre sa consommation dans l'alimentation quotidienne.

◇ *C'est ainsi que s'exprimait Pline le Jeune à propos du miel.*

◇ *Créé par le Dr Moreaux, directeur du laboratoire de l'Ecole d'apiculture de Nancy.*

LA COMPOSITION DU MIEL

Le miel contient un certain nombre d'éléments :

75 % de sucre ; mais, contrairement aux sucres extraits et raffinés à partir de la canne ou de la betterave, ce ne sont pas des saccharoses. On entend par saccharose un sucre complexe qui, pour être assimilable, doit être décomposé en plusieurs molécules de sucres simples, dont le lévulose et le fructose.
Les sucres du miel sont composés pour 30 % de glucose et 38 % de lévulose directement assimilables par le sang. Ils n'ont donc pas besoin d'être digérés par l'organisme. Il contient aussi des traces d'autres sucres dont 2 % de saccharose.

De 17 à 20 % d'eau, pourcentage variable suivant les saisons et le moment choisi pour la récolte.

1 à 2 % de protides, substances azotées indispensables à la construction des cellules du corps humain. Les protides sont les constituants essentiels des cellules des aliments de croissance : viandes, poissons, œufs... L'intérêt de ces protides serait restreint s'ils ne contenaient pas des acides aminés indispensables et dont le corps humain ne peut faire la synthèse. (Signalons que beaucoup d'aliments heureusement en contiennent ; il ne s'agit pas là d'une singularité.)

Des acides organiques (acétique, citrique, etc.), dont le plus intéressant semble être l'acide formique, responsable en partie des qualités bactéricides et toniques du miel.

Des sels minéraux : de calcium, de cuivre, de fer, de magnésium, de phosphore, de potassium, etc.
A savoir : les miels clairs sont moins riches en matières minérales que les miels foncés (notamment en fer et en manganèse indispensables à la formation de l'hémoglobine).

Des vitamines en quantités infimes et qui ne peuvent couvrir les besoins quotidiens de l'homme, mais intéressantes sur le plan qualitatif, au niveau du métabolisme général. Sont présentes toutes les vitamines du groupe B, indispensables au métabolisme des sucres et au bon fonctionnement du système nerveux. Les miels les plus riches en vitamines sont ceux de romarin, de lavande, de thym, de sauge, et surtout de luzerne.

Des substances diverses :
Des essences aromatiques responsables de la saveur et de l'arôme.

Des diastases des sucres◇ sensibles à la chaleur.

◇ *C'est-à-dire des éléments capables d'en faciliter la digestion.*

Des grains de pollen représentatifs de la flore de la région. La reconnaissance à l'analyse de ces grains de pollen permet de déceler les fraudes de provenance.

Un facteur œstrogène (de croissance).

Des facteurs antibiotiques sensibles à la lumière et à la chaleur.

Il apparaît donc que le miel est une substance complexe, riche d'éléments indispensables à l'équilibre organique. De ce simple fait, sa consommation comme élément sucrant semble préférable à celle du saccharose, parfaitement inerte.

LES EFFETS DU MIEL

En résumé, pour sa seule consommation en édulcorant◇, le miel présente les qualités suivantes :

◇ *C'est-à-dire pour sucrer boissons et aliments.*

— Il est en général *bien toléré.*

— Son action *énergétique* (300 calories pour 100 g) est immédiate grâce à la présence des sucres directement assimilables. Elle est exactement le double de la capacité énergétique du sucre◇.

◇ *Une expérience conduite à l'Institut d'éducation physique du Canada l'a prouvé.*

— Son action est légèrement *apéritive et laxative,* contrairement à celle du saccharose.

— De tous les sucres, c'est celui qui est *le mieux supporté par les reins.*

— Il apporte en outre des vitamines du groupe B, indispensables à l'*assimilation des sucres* et des sels minéraux, en quantités certes insuffisantes, mais pouvant compléter les apports des autres aliments.

— Le miel n'est pas contre-indiqué dans les *régimes amaigrissants* (à condition d'éviter les excès) du fait de la parfaite assimilation de ses sucres par l'organisme.

TEL MIEL, TELLE VERTU

Comme le vin a ses « crus », le miel a ses « bouquets ». L'abeille méthodique tend à ne visiter dans sa journée qu'une espèce prédominante de fleurs◇. Il est donc

◇ *Sur ce pouvoir de sélection, voir p. 15.*

possible pour un apiculteur désireux de sélectionner les miels de surveiller les floraisons dans le rayon d'action des abeilles. Il peut ainsi recueillir un miel spécifique d'une espèce florale et en contenant, de ce fait, les principes actifs. Cela suppose la possibilité de déplacer parfois les ruches au cours des floraisons et d'effectuer une récolte partielle à la fin de chacune d'elles. L'apiculteur spécialisé est alors sûr de récolter un miel d'appellation florale précise.

DES PROPRIETES SPECIFIQUES

Bien sûr, l'apiculteur amateur ne peut ou ne juge pas utile d'appliquer ce système et se contente de deux récoltes annuelles. Le miel ainsi récolté, né du nectar de plusieurs espèces, porte joliment le nom de « toutes fleurs » ou « miel de pays » (voir p. 16). C'est évidemment le miel le plus répandu, celui que l'on achète au hasard des marchés et sur les routes de campagne. Cependant des maisons spécialisées connaissant leurs fournisseurs peuvent présenter aux consommateurs non pas du miel, mais différents miels contenant le principe vivant spécifique des fleurs butinées. Le miel n'est pas un produit mort : composé de sucres directement assimilables, riche en principes vivants◇, il a en outre la qualité de transmettre les propriétés des fleurs dont il est issu.

◇ *Sur la composition du miel, voir p. 83.*

C'est ainsi que le miel de romarin, tout comme la plante dont il est extrait, favorise les fonctions du foie ; les miels de lavande, de thym, de sapin sont des antiseptiques qui soulagent les bronches. La fleur de tilleul transmet au miel ses propriétés sédatives, et la bruyère ses vertus diurétique et antirhumatismale.

D'une manière générale le miel sans appellation d'origine florale est tonique, régularise les fonctions intestinales, calme les maux de gorge. Une restriction, cependant ; chez certains sujets au système digestif fragile, le miel consommé pur peut entraîner des irritations. En revanche, il est rare qu'il ne soit pas toléré dilué dans une boisson chaude.

A FLEURS SAINES, MIELS SAINS

Le miel se comporte donc comme un produit vivant capable de transmettre la qualité des éléments puisés dans la nature, à condition, bien sûr, que ces éléments

L'abeille et les plantes nocives

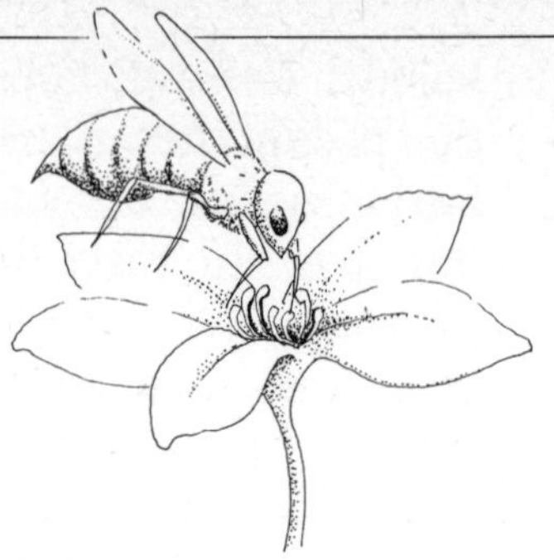

Nous avons vu, page 21, que le miel se comportait comme un produit vivant, transmettant les propriétés des plantes dont il est issu. On peut donc supposer qu'il se ressentira de la qualité biologique du milieu floral.
Il est certain que, malgré la réglementation des insecticides en période de floraison, bien des ruchers sont parfois dépeuplés parce que les abeilles ont puisé le nectar des fleurs traitées. Certains auteurs prétendent toutefois que les abeilles s'éloignent des plants porteurs de pesticides. Toujours est-il que l'on peut affirmer que, la plupart du temps, elles payent de leur vie, et au détriment de l'apiculteur, toute erreur de leur instinct dans ce domaine. Mais cette affirmation rassure plutôt quant à la valeur biologique du miel.
En ce qui concerne les plantes toxiques par elles-mêmes, il y a controverse. Certains auteurs citent l'exemple d'un miel de digitale toxique. D'autres affirment, au contraire, que des prélèvements après butinage de nectar de digitale n'ont pas révélé dans le miel les éléments toxiques de la fleur. On ne retrouve pas non plus les principes toxiques du pavot dans le nectar issu de ces fleurs. On pourrait supposer que les abeilles transforment, à leur et à notre profit, les principes actifs des plantes pour ne conserver que les éléments positifs ou en atténuant les principes nocifs.
Pour défendre cette hypothèse, on peut ajouter que toutes les parties d'une même plante — racines, feuilles, ou fleurs — ne présentent pas les mêmes particularités. Cette différence est d'ailleurs reconnue et utilisée par la pharmacopée en phytothérapie (soins par les plantes).
Resterait donc à prouver que les éléments vénéneux d'une plante se retrouvent dans le nectar issu de cette plante.

soient sains. La qualité du miel se ressentira donc de la qualité biologique de l'environnement. Un authentique milieu naturel, riche de fleurs sauvages, donnera un produit d'une autre valeur que celui qui naîtra de plantes cultivées et « enrichies » d'engrais et d'insecticides◇.

◇ *L'application des produits insecticides nocifs pour les abeilles est réglementé en période de floraison (Arrêté du 1er juin 1971).*

Voici, à titre indicatif, les vertus les plus spécifiques des différents miels. En revanche, pour savoir, en cas de maladie, quel miel choisir, reportez-vous aux pages 105 à 122.

Miel d'acacia : Calmant, reconstituant, reste longtemps liquide.

Miel d'aubépine : Calmant du système nerveux. Conseillé aussi aux dyspeptiques.

Miel de bruyère : Affections des voies urinaires ; diurétique et antirhumatismal.

Miel de châtaignier : Accélérateur de la circulation sanguine.

Miel d'eucalyptus : Toux et bronchites ; combat les infections des voies urinaires.

Miel de lavande : Calmant de la toux et des maux de gorge.

Miel d'oranger : Calmant des enfants ; supprime les insomnies.

Miel de menthe : Favorise les fonctions digestives.

Miel de romarin : Affections hépatiques, asthme, convalescence, maux de gorge.

Miel de sarrasin (rare) : Anémie, convalescence, problèmes circulatoires.

Miel de tilleul : Calmant des migraines, spasmes, douleurs gastriques, favorise le sommeil.

Miel de thym : Stimulant des fonctions digestives ; surmenage.

Miels de trèfle et de sainfoin : Calmants et toniques du cœur, antispasmodiques.

Miel de sapin : Diurétique, affections des bronches et des voies respiratoires.

LES AUTRES RICHESSES DE LA RUCHE

Outre le miel issu du nectar des fleurs et qui nourrira la ruche pendant l'hiver, les abeilles amassent le pollen destiné aux larves et fabriquent une substance encore incomplètement connue, la « gelée royale », exclusivement consacrée à l'alimentation de la reine. Ces deux substances, gelée royale et pollen, sont également commercialisées en petites quantités, non pas comme produits alimentaires mais à titre thérapeutique. Les avis, malgré les effets bénéfiques constatés, restent encore très partagés en ce qui concerne leur efficacité à l'échelle humaine.

LA GELEE ROYALE: UN ALIMENT DE CHOIX

Impressionnés par le développement fantastique de la reine, mère de la ruche, bien des biologistes et apiculteurs se sont penchés sur le problème de savoir si un effet aussi extraordinaire était applicable aux humains.

L'engouement pour la gelée royale (voir p. 26) a

conduit à sa commercialisation et à sa production forcée en utilisant des méthodes d'élevage artificiel des reines. Cette technique permet d'obliger les abeilles à élever des reines, jusqu'à ce que la production de gelée royale soit à son maximum de richesse et d'abondance.
On supprime alors les larves inutiles et on prélève la gelée qui est entreposée au froid et commercialisée (250 g de récolte environ par ruche et par an).

Observer une certaine prudence !
Sans nul doute possible la croissance extraordinaire des larves d'abeilles est imputable à la gelée royale. Outre que ce phénomène n'est pas rare chez les insectes, on peut douter d'une extrapolation systématique de ces effets à l'échelle de l'homme. Apiculteurs et biologistes donnent sur ce problème des avis très divergents. Bien sûr, nombre de résultats bénéfiques ont été enregistrés sans toutefois qu'il soit permis d'en tirer une règle générale : l'action de la gelée royale reste sans effet dans certains cas. Précisons que cela ne constitue pas non plus une preuve d'inefficacité : certaines thérapeutiques médicales sont aussi sans effet dans certains contextes et chez certains sujets.
La plus grande prudence devant toujours être de mise dans l'interprétation des résultats publiés, nous nous contenterons ici de donner la composition de la gelée royale, en expliquant l'intérêt de ses composants, et de citer quelques résultats reconnus.

Les études sur la gelée royale nécessitent des recherches plus approfondies et il est souhaitable que d'ici quelques années de nouveaux éléments permettent d'aborder plus largement la question.

LA COMPOSITION DE LA GELEE ROYALE

Cette composition est plus qualitative que quantitative. Bien que de constitution à peu près constante, la gelée varie cependant suivant l'origine, la saison et la qualité des dosages qui restent complexes.

La gelée royale contient :
— 65 à 70 % d'eau ;
— 12 % de protides, en grande partie sous forme d'acides aminés, lesquels sont indispensables à la vie et dont l'organisme humain ne peut pas faire la synthèse ;
— 9 % de sucre ;
— 6 % de graisses ;
— des vitamines du groupe B, pour la plus grande partie, et des sels minéraux ;
— 3 % de substances non déterminées ; l'une d'entre elles semblerait avoir des propriétés radio-actives ; l'autre, des propriétés antibiotiques puissantes mises en évidence par un groupe de chercheurs, en particulier sur le bacille de Koch◇. La gelée royale renferme des éléments indispensables biologiquement, mais en quantités si infimes qu'elles ne semblent pas expliquer

◇ *Annales de l'Institut Pasteur, déc. 1955.*

les effets bénéfiques du produit. Peut-être le mystère réside-t-il dans les 3 % de matières non complètement identifiées.

LES EFFETS DE LA GELEE ROYALE

Ce produit, du fait même de sa richesse, de sa complexité et bien qu'étant un produit naturel, ne doit être consommé que dans le cadre d'une posologie étudiée (voir page 97) et surveillée en fonction de chaque individualité.

Voici les effets constatés :

— action stimulante ;
— plus grande résistance à la sensation de fatigue ;
— action régulatrice sur l'appétit ;
— action chez les enfants : prise de poids chez les prématurés ;
— régularisation du système neuro-végétatif ;
— amélioration des ulcères du duodénum ;
— régularisation du système cardio-vasculaire ;
— action sur les voies respiratoires : amélioration de l'asthme bronchial ;
— amélioration des infections grippales ;
— action sur la peau.

Les sources des recherches ayant constaté ces effets sont variées. Citons, entre autres : l'Institut médical de Riazan (U.R.S.S.) ; le Dr Decourt, dans la *Revue de pathologie comparée ;* un bulletin tchécoslovaque au Congrès international d'apiculture de Madrid, en 1961, etc.

LA PRESENTATION ET L'UTILISATION

La gelée royale est, le plus couramment, commercialisée fraîche. En effet, des essais de lyophilisation◇

◇ Lyophilisation : *dessiccation à froid et sous vide qui prolonge très longtemps la conservation.*

ont été faits, mais, si l'intégrité chimique du produit est conservée, l'expérience n'a pas prouvé que toutes les qualités spécifiques de la gelée soient intégralement protégées.

Un produit fragile

Dès son prélèvement, la gelée royale est mise en flacons de verre opaque, et placée au froid (entre 0 °C et 5 °C). Les flacons doivent être bien remplis pour éviter tout contact avec l'air, et les couvercles hermétiques.

Dans ces conditions, la gelée royale peut se conserver pendant un an. Certains auteurs précisent même qu'une conservation de dix-huit mois n'est pas exclue et attribuent ce phénomène à la présence des éléments antibiotiques de la gelée◇.

◇ *Lire à ce sujet : Alin Caillas :* Gagnez vingt ans de vie grâce aux abeilles *(Paris, Editions de la Pensée moderne, 1971).*

Toutefois, il est recommandé, pour profiter au maximum des propriétés du produit, de le consommer dans les meilleurs délais. C'est pourquoi il est regrettable que la date de mise en pots ne soit pas systématiquement apposée sur l'emballage.

Très souvent, la gelée royale est présentée mélangée au miel à raison de 1,25 g de gelée pour 100 g de miel.

L'avantage présenté est une meilleure acceptation du produit, mais ce mélange est beaucoup plus fragile et doit être consommé dans le mois qui suit sa mise en pot. En effet, les 18 à 20 % d'eau contenus dans le miel provoqueraient une altération des qualités spécifiques de la gelée.
En tout état de cause, il est parfaitement possible de mélanger soi-même la gelée au moment de l'absorption (la valeur d'un demi-pois dans une cuillerée à café de miel).
Vous trouverez, dans l'encadré, p. 97, des conseils pour la cure de gelée royale et, à l'index alphabétique des maladies (p. 105 à p. 122), dans quels cas elle peut être utilisée.

A n'utiliser qu'avec circonspection...
Rappelons à titre de mise en garde, que l'emploi de la gelée royale (bien que produit parfaitement naturel, mais dont les effets sont encore incomplètement connus) doit être fait avec circonspection et que seul le médecin traitant reste juge de l'opportunité d'une cure et de la dose à utiliser, surtout en ce qui concerne les jeunes enfants.
En outre, aucun produit de ce genre ne peut être considéré comme une thérapeutique suffisante ; il doit le plus souvent être associé au traitement médical. Toutefois, aucune contre-indication n'a été enregistrée ni aucun incident n'a été jusqu'à présent signalé à travers les nombreux travaux et articles publiés (cf. Dr Donnadieu : *la Gelée royale*). Tout au plus

a-t-on pu reconnaître chez certains sujets une absence complète d'efficacité sans qu'on ait pu en déterminer la raison.

Conseils pratiques pour la cure de gelée royale

— Effectuez au début du printemps et de l'automne une cure de 20 jours.
— Consommez de préférence le matin à jeun pour obtenir une action immédiate.
— La dose quotidienne préférable se limite à 50 mg par jour, soit, pour une cure de 20 jours, 10 g en tout seulement ; 50 mg représentent la valeur d'un demi-pois.
— Préférez l'absorption sublinguale, plus rapide et efficace ; il suffit de placer la petite quantité de gelée royale sous la langue. A cet effet, une palette est généralement fournie avec le pot.
— Conservez le produit dans le réfrigérateur.

Pour les enfants ou pour les adultes qui n'aiment pas la gelée pure, utilisez la gelée royale mélangée au miel, dans les proportions de 1,25 g de gelée pour 100 g de miel. On trouve cette préparation toute prête dans le commerce, dans les maisons de régime ou chez les apiculteurs ; en général par flacon de 250 g. Ce produit étant plus fragile que le précédent, conservez-le dans le réfrigérateur. Essayez, si possible, de vous le procurer chez un commerçant de bonne réputation et rappelez-vous qu'il est souvent mieux accepté par les enfants que le produit pur. Consommer une cuillerée à café le matin à jeun en faisant fondre doucement dans la bouche.

Pour un adulte : 1 cure de 3 flacons de 250 g.
Pour un enfant : 1 cure de 1 ou 2 flacons de 250 g.
Dose quotidienne : 1 cuillerée à café à jeun.

LE POLLEN : UN PRODUIT RICHE

Il n'y a pas tellement longtemps que les vertus du pollen (voir également, p. 23) ont été reconnues et appliquées dans la consommation humaine. La composition et les applications du pollen ont fait l'objet d'une thèse de doctorat ès sciences◇.

◇ *J. Louveaux :* Station de recherches apicoles de Bures-sur-Yvette. *Voir à ce sujet Alin Caillas :* Vivez mieux, restez jeunes grâce aux abeilles (*chez l'auteur, 1970*).

Sans avoir sur les larves d'abeilles les mêmes effets spectaculaires que la gelée royale sur les larves de la reine, le pollen, nourriture de tout le petit peuple de la ruche, présente une richesse de composants telle que l'on n'a pas hésité à le commercialiser, en obligeant les butineuses à abandonner au seuil de la ruche une partie de leur récolte dans des « trappes à pollen », ce qui permet à l'apiculteur de prélever ainsi 2 à 3 kg de pollen par an et par ruche. Le pollen, séché et trié, est ensuite commercialisé.

LA COMPOSITION DU POLLEN

Le pollen renferme de manière très complète et sous une forme concentrée les éléments infiniment petits nécessaires à l'équilibre du corps humain. Cette teneur en éléments vitaux naturellement harmonisés en fait un produit plus riche que le germe de blé ou que la gelée royale et, pour cette raison, il est recommandé de l'utiliser avec prudence.

La composition du pollen est variable suivant son origine botanique ; aussi les éléments ci-dessous relèvent-ils plus de l'analyse qualitative que quantitative. Pour faciliter la compréhension, nous indiquerons brièvement le rôle dans l'organisme des différents éléments cités.

Cinq à sept fois plus riche que la viande ou les œufs
Le pollen contient :
— 1 % d'eau variable avant ou après dessiccation ;
— 35 % environ de protides, substances azotées chargées de la croissance des cellules. Ces substances sont ici presque entièrement composées de 20 % d'acides aminés parmi lesquels certains sont dits « indispensables », c'est-à-dire que le corps humain est incapable d'en faire la synthèse◇ ;

◇ *A noter toutefois qu'un certain nombre d'aliments en contiennent en nombre et en pourcentage très variables.*

— Acide glutamique indispensable au cerveau ;
— Arginine : action sur l'insuffisance hépatique ;
— Cystine : action désintoxicante, intervient dans le métabolisme des sucres, dans la croissance des cellules, des cheveux et des ongles ;
— Histidine : intervient dans le maintien de l'équilibre sanguin, notamment au niveau des globules rouges ;
— Isoleucine et leucine, tous deux acides aminés indispensables à la vie ;
— Lysine : action sur la croissance, intervient dans la réparation des tissus (peau, muscles) ;

— Méthionine : antitoxique, protecteur des cellules du foie, action sur l'assimilation des graisses et des aliments azotés ;
— Phényalamine, thréonine, tryptophane, valine : tous quatre acides aminés indispensables à la vie.
Des études comparatives ont démontré, par rapport à certains aliments contenant les acides aminés indispensables à la vie, que le pollen en contenait de 3 à 7 fois plus que fromage, viande, poisson, œufs. Cette comparaison est à faire à poids égal, bien sûr, mais elle permet de conclure qu'à défaut d'autres sources alimentaires 15 g de pollen pourraient assurer l'apport quotidien de ces éléments indispensables ; des souris, nourries de pollen pendant 6 mois en laboratoire, n'ont présenté aucune carence.
— 40 % de matières sucrées en partie ajoutées par les abeilles pour agglutiner les grains de pollen et pouvoir ainsi les transporter.
— Des vitamines, en particulier du groupe B, jouant un rôle au niveau de l'équilibre nerveux, de l'intégrité de la peau, de l'assimilation des sucres et des féculents. Ces vitamines sont présentes en faible quantité, mais elles sont indispensables.
— Des enzymes appelées aussi diastases, ou ferments, de ceux qui interviennent dans l'assimilation des aliments, sucres et féculents en particulier.
— La rutine, qui agit en renforçant à la fois la résistance et la souplesse des vaisseaux sanguins. Le miel de sarrasin est le plus riche en cette substance. Malheureusement on ne peut recueillir de pollen sélec-

tionné, comme cela est possible pour le miel. Le pollen est toujours un pollen polyflore.

— Un accélérateur de croissance isolé par le Pr Rémy Chauvin et le Pr Lenormand◇, mis à l'épreuve en laboratoire et dont les essais cliniques ont eu les effets complémentaires suivants : action régulatrice des fonctions intestinales, remontée rapide du taux d'hémoglobine, reprise de poids et de force, effet calmant◇.

— Un antibiotique qui agirait comme protecteur de la flore intestinale.

◇ *Communication à l'Académie des sciences, janvier 1957.*

◇ *Alin Caillas :* Gagnez vingt ans de vie grâce aux abeilles, op. cit.

LES EFFETS DU POLLEN

Sur le plan pratique, les attestations des effets bénéfiques du pollen sont multiples ; les voici brièvement évoquées :

— Action régulatrice de l'appétit : intervient dans le cas d'anorexie (perte de l'appétit), aussi bien que d'obésité, par amélioration de l'assimilation.

— Action régulatrice du fonctionnement intestinal : combat les états diarrhéiques et, paradoxalement, la constipation chronique.

— Action sur tous les états de fatigue : surmenage physique ou intellectuel, convalescence, neurasthénie, fatigue des vieillards. Le pollen agit comme un remon-

tant en amenant une rapide reprise du poids et des forces chez les convalescents.
— Action sur le vieillissement de l'appareil génital et urinaire, en particulier sur les troubles de la prostate.
— Action antibiotique, notamment sur les salmonelles : microbes de certaines typhoïdes, abcès, furoncles.
— Action sur le système cardio-vasculaire : régulation de la tension artérielle, amélioration de la résistance des vaisseaux sanguins.

LA PRESENTATION ET L'UTILISATION DU POLLEN

Le pollen, trié et séché, mis en pots étanches, est vendu au poids. Il doit être conservé à l'abri de l'humidité, qui le rend toxique, et de la chaleur (température optimale 14 °C). Détérioré, il peut déclencher des troubles digestifs.
Le pollen se présente sous forme de pelotes de couleurs variées. Son goût se rapproche plus ou moins du goût du foin ou de la paille. Il n'est donc pas toujours agréable à consommer.
On peut cependant le consommer tel quel à condition de bien le mâcher, son enveloppe très résistante et indigeste demandant un gros travail au système digestif.
On peut aussi le mélanger à du miel — toujours à condition de bien mâcher — ou le faire dissoudre dans une petite quantité d'eau. Le pollen peut être pulvé-

risé (dans un moulin à café, par exemple), ce qui a pour effet d'en briser l'enveloppe. Le pollen peut alors être ingéré avec du miel ou de l'eau miellée◇.

◇ *C'est-à-dire du miel dissous dans l'eau.*

De la prudence avant toute chose !
Rappelons qu'il est conseillé, surtout en ce qui concerne les enfants, de prendre un avis médical autorisé avant d'effectuer une cure de pollen. Bien qu'il n'y ait pas de contre-indication formelle, on a cependant constaté des troubles dus à l'ingestion de ce produit, en particulier chez les sujets souffrant d'insuffisance rénale.

Conseils pratiques pour la cure de pollen
Pour être en forme, on peut faire une ou plusieurs cures de pollen par an, au début des saisons particulièrement, une cure normale durant un mois.
— Les doses conseillées sont de 20 g par jour pour un adulte, doses diminuées de 1/3 pour les enfants au-dessus de 3 ans.
1 cuillerée à café rase de pollen = 5 g
1 cuillerée à dessert = 10 g
1 cuillerée à soupe rase = 15 g
— Consommez le pollen à jeun, un peu avant le repas. Il peut être mélangé à du miel, ou à de l'eau miellée ou citronnée, réduit en poudre, ou consommé tel, à condition d'être bien mâché.
— Le pollen doit être sec. Mal conservé et humide, il peut occasionner des troubles digestifs.
— Pour le prélever, utilisez une cuillère bien sèche, refermez soigneusement le pot ou le flacon, tenez-le à l'abri de l'humidité.

Des incidents bénins peuvent être dus à la prise de pollen insuffisamment mâché ; il s'agit en général de pesanteurs ou troubles digestifs. On peut y remédier en diminuant les doses ou en consommant du pollen pulvérisé et délayé dans une boisson, jamais dans une boisson chaude, la chaleur détruisant ou diminuant les éléments actifs.
Vous trouverez à l'index alphabétique des maladies (voir p. 105 à 122) les cas précis où la cure de pollen peut être associée au traitement médical. Dans tous les cas, étant donné le peu de recul dont on dispose pour observer toutes les répercussions possibles de la consommation du pollen, il est conseillé de faire des cures très courtes (voir conseils pour l'utilisation du pollen en encadré, p. 103) et à doses plutôt inférieures à celles qui sont indiquées. Les doses faibles sembleraient d'ailleurs tout autant sinon plus efficaces.

A TELLE MALADIE, TEL REMEDE

Miel, pollen et gelée royale — sans être une panacée — sont efficaces dans un certain nombre de troubles dont vous trouverez ci-après la liste alphabétique.
Sauf indications spéciales, vous pouvez utiliser chaque fois du miel « toutes fleurs ». De même pour les cures, sauf précisions, vous pourrez vous reporter à la cure de gelée royale (p. 97) et à la cure de pollen (p. 103).

Alcool
Pour éliminer plus rapidement après un repas bien arrosé, prenez une cuillerée à soupe de miel. Si la dose est vraiment incommodante ou si vous devez reprendre la route, ingérez au moins 100 g de miel.

Amaigrissement (voir aussi **Métabolisme**)
Pour compenser une chute de poids consécutive à une trop grande dépense d'énergie (course en montagne, sport, effort musculaire intense), prendre 12 à 16 cuillerées à café de miel au cours de la journée. Cette adjonction permet de supporter un régime pauvre en calories souvent incompatible avec l'effort physique.

La cure de pollen : 1 cuillerée à café au déjeuner pendant 4 à 5 jours, puis une cuillerée à soupe jusqu'au 8e jour. Ensuite, prendre une cuillerée à soupe bien pleine le matin à jeun, 1/4 d'heure avant le petit déjeuner, et une autre avant le déjeuner (soit 30 à 32 g par jour). Cesser la cure une fois le poids normal atteint. Pour les enfants de 7 à 14 ans, les doses ci-dessus doivent être réduites de moitié. Au-dessous de 7 ans,

Conseils pratiques pour l'utilisation du miel

1 cuillerée à café rase de miel	=	9 g
1 cuillerée à entremets rase	=	18 g
1 cuillerée à soupe rase	=	32 g
1 cuillerée à café bombée	=	15 g
1 cuillerée à entremets bombée	=	30 g
1 cuillerée à soupe bombée	=	44 g

— Un miel chauffé perd une partie de ses qualités vitaminiques ; il est donc préférable de le dissoudre à froid.
— Ne pas conserver du miel plus d'un an si l'on veut profiter au maximum de ses propriétés.
— Pour prélever le miel dans un pot entamé, utiliser une cuillère d'un matériau inoxydable ou neutre qui n'aura été au contact avec aucun autre élément qui risquerait de faire aigrir le miel.
— Le miel doit être conservé dans des pots bien remplis, hermétiques : carton paraffiné, verre, terre vernissée. Eviter tout récipient métallique non étamé. Il doit être mis à l'abri de l'air, de l'humidité, de la chaleur, pour empêcher les fermentations. La température de conservation optimale se situe autour de 10 °C.
— Le miel se couvre parfois d'une légère couche blanchâtre. Il ne s'agit pas d'une fermentation, mais d'une stabilisation qui se produit avec le durcissement.

consulter le médecin qui prescrira au maximum 2 cuillerées à café de pollen, soit une dizaine de grammes◇.

◇ *Remède donné par Eric Nigelle dans :* Pouvoirs merveilleux du pollen *(Soissons, la Diffusion nouvelle du Livre, 1972).*

Anémie

Remplacer les sucres par 50 à 100 g par jour de miel « toutes fleurs ». Les apports importants de sels minéraux, en particulier les sels de fer, seront bénéfiques.

Ou faire une cure de pollen pendant 1 mois, à raison de 20 g par jour pour un adulte, dose réduite de 1/3 pour les enfants au-dessus de 3 ans. Des cures de pollen effectuées en préventorium sur des enfants anémiés ont permis d'enregistrer une augmentation de 25 à 30 % du nombre de globules rouges. La cure de pollen peut venir en soutien du traitement médical.

Ou entreprendre une cure de gelée royale, 1/2 pois sous la langue le matin à jeun, pendant 20 jours.

Anorexie

L'anorexie, ou perte de l'appétit, peut être due à une cause physiologique ou mentale. Dans les cas graves, il est indispensable de diagnostiquer la ou les causes tant physiologiques que psychiques, et cela relève du corps médical.

Dans les cas simples, faire une cure de pollen (voir *Amaigrissement*). « Le pollen opérant une stimulation » générale de l'organisme, les échanges cellulaires

» s'effectuant d'une manière plus équilibrée : il en
» résulte un besoin général de nutriments◇. »

◇ *Eric Nigelle :* Pouvoirs merveilleux du pollen, op. cit.

Ou faire une cure de gelée royale pendant 20 jours à raison de la valeur de 1/2 pois sous la langue à jeun.
« La gelée royale a une action régulatrice sur l'appé-
» tit... Elle modifie rarement l'appétit normal, mais
» augmente généralement rapidement celui des
» anorexiques◇. »

◇ *Alin Caillas, ingénieur agricole, considéré comme un des vulgarisateurs les plus réputés en ce qui concerne la santé par les produits de la ruche.*

Aphtes

Faire plusieurs fois par jour des lavages de bouche avec une solution de borate de soude, dans laquelle on aura dilué 1 grosse cuillerée à soupe de miel.
On peut remplacer la solution de borate de soude par une décoction de fleurs de bleuet : 2 à 3 g de fleurs dans 100 g d'eau froide. Amenez lentement à ébullition, laissez reposer et filtrez. Ajoutez le miel.

Artériosclérose

Parallèlement au traitement médical, consommer le plus souvent possible du miel de tilleul ou du miel de sarrasin (de plus en plus rare).

Asthme

Plusieurs cuillerées par jour de miel de thym ou de serpolet dans les boissons peuvent être associées avec une cuillerée d'huile de germe de blé.

Ou cure de gelée royale : 1/2 pois placé sous la langue, le matin à jeun pendant 20 jours.
Dans le cas d'asthme allergique, souvent lié au *rhume des foins*, se reporter à ce mot, p. 119.

Bronchites

Faites bouillir dans l'eau un sachet de 125 g de graines de lin. Ajoutez le jus de 3 citrons et 500 g de miel pour 1 litre de préparation.
Prendre cette préparation plusieurs fois par jour pendant quelques jours.

Brûlures

N'intervenir soi-même que si elles sont légères. Dans ce cas, des applications de miel soulagent la douleur et empêchent la formation de cloques :

— faire fondre au bain-marie 30 g de miel, 15 g de camphre et un petit morceau de cire d'abeille pure. Attendre que cela refroidisse. Etendre sur la brûlure. Protéger par une gaze stérile ;

— ou dissoudre 20 g de cire d'abeille pure dans 100 g d'huile d'olive ; attendre que cela refroidisse et étendre sous une gaze stérile.

Calculs rénaux et de la vessie

Prendre, chaque fois que cela est possible et à tout moment de la journée du miel de bruyère en complément du traitement médical.

Cholestérol

1/2 pois de gelée royale le matin à jeun pendant 20 jours, ou la même valeur de gelée mélangée avec du miel.

Cœur

Tonifiant : à 300 g de citrons bien lavés et passés à la moulinette avec la peau et les pépins, ajouter 700 g de miel. Mélanger et tenir au frais. Consommer à raison d'une cuillerée à café plusieurs fois par jour.

Constipation

En cas de constipation occasionnelle, entreprendre une cure de pollen : 1 cuillerée à soupe le matin à jeun, 1 cuillerée à café avant le déjeuner de midi, 1 cuillerée à café avant le dîner.
Diminuer la dose si l'effet laxatif est trop puissant.
En cas de constipation chronique, prendre le matin à jeun et avant le pollen une cuillerée à café de miel de menthe et un verre d'eau.
Certains auteurs recommandent de faire suivre de 5 à 6 figues sèches. Pour préparer les figues, faites-les tremper depuis la veille dans l'eau tiède. Vous pouvez également boire l'eau de trempage ;
— ou faire prendre une fois par jour 2 à 3 grains de bleuet séché dans une cuillerée de miel.

Contre-indications :
Miel : les concentrations énergétiques du miel peuvent entraîner chez des malades des voies digestives des

fermentations ou des brûlures d'estomac. « Il existe » des sujets que le miel incommode, [...] douleurs » d'estomac, brûlures, fermentation◇. » Nous pensons

◇ *Dr Paul Carton :* Traité de médecine d'alimentation et d'hygiène naturiste *(Paris, Le François, 1970).*

que ces accidents assez rares sont dus en majeure partie à la présence de l'acide formique, puissant, désinfectant mais capable aussi de se montrer irritant pour les organismes fragiles.

« Les questions de dose et de dilution interviennent » aussi [...]. Tel qui ne supporte pas une cuillerée à » soupe de miel ingéré pur, le tolère parfaitement à » la dose d'une cuillerée à café dans une infusion◇. »

◇ *Dr Pierre Oudinot :* la Conquête de la santé ; précis de diététique naturiste *(Paris, Dangles, 1973).*

Pollen : l'enveloppe des grains de pollen est formée de cellulose très résistante et riche en résine. Si les grains de pollen ne sont pas parfaitement pulvérisés — et même malgré cette précaution —, le pollen peut entraîner une fatigue excessive des reins chez les sujets prédisposés. D'autre part, la concentration protéique des pollens peut provoquer des troubles allergiques dans certains cas◇.

◇ *Ces constatations ont été faites par le Dr Moreau, directeur du Laboratoire de recherches apicoles de l'Ecole agronomique de Nancy.*

Coqueluche

— Miel de romarin ou de lavande. Plusieurs cuillerées à dessert par jour, surtout au moment des quintes.

— Ou réduire en purée quelques poireaux cuits à l'eau, les mélanger avec du miel. Prendre 1 cuillerée à soupe au moment des quintes.
— Jeter une poignée de serpolet frais ou séché dans un litre d'eau. Laisser réduire à 1/2 litre. Sucrer au miel. Prendre une cuillerée à soupe à chaque quinte de toux.

Coupures
Appliquer une couche de miel sur la plaie. Protéger. Le pouvoir antiseptique du miel était déjà reconnu et préconisé par les Anciens. Des essais ont été réalisés avec succès dans l'hôpital de Norwick, dans le Norfolk, sur des plaies infectées (rapport du Dr Bulman : « le Miel comme pansement chirurgical »).

Crampes
En cas de crampes musculaires du pied ou de la jambe, prendre 2 cuillerées à café de miel à chaque repas, dans une boisson, ou comme édulcorant dans un dessert.

Croissance
Un facteur de croissance a été décelé dans le pollen◇, et expérimenté chez l'homme ; il n'y a pas de contre-indication à son emploi. Les enfants peuvent donc bénéfiquement faire une cure de pollen (voir quantités, p. 103). Demander toutefois un avis médical.

◇ Communication du Pr Rémy Chauvin à l'Académie des sciences, 1957.

Cystite
Compléter le traitement médical par une cure de miel de bruyère pour sucrer les boissons.

Dentition
En cas de percée des dents chez les nourrissons, faire une décoction de guimauve (30 g de racines bouillies dans un litre d'eau). Prélever une partie de cette eau et y ajouter du miel de façon à obtenir une bouillie épaisse. Masser les gencives avec cette préparation (utiliser un doigtier aseptisé).

Diabète
1/2 pois de gelée royale placé sous la langue, et ceci pendant 20 jours. Remplacer le sucre par des miels riches en lévulose, c'est-à-dire des miels liquides, en particulier le miel d'acacia. Le miel, composé de sucres simples, ne se retrouve pas dans les urines des diabétiques contrairement au sucre de table composé de saccharose ou sucre complexe.

Diarrhée
Le pollen est un régulateur de la fonction intestinale (voir aussi *Constipation*). Commencer par une cuillerée à café et augmenter progressivement jusqu'à prendre 2 cuillerées à soupe rases. Continuez plusieurs jours (sous contrôle médical).

Enurésie
Le miel par le lévulose qu'il contient a des qualités

hydrophiles et soulage les reins. Prendre une cuillerée à café de miel avant le coucher.

Estomac

Des expérimentations hospitalières, réalisées en Suisse et en U.R.S.S., semblent prouver que les ulcères de l'estomac et du duodénum marquaient une nette régression après 4 à 5 jours de traitement intensif à base de miel.

Ceux qui, sans en être atteints, souffrent périodiquement de lourdeurs ou d'aigreurs d'estomac pourront prendre le matin, une heure avant le petit déjeuner, 1 cuillerée à soupe de miel de romarin ou de lavande.
— Pour stimuler l'estomac : prendre 4 à 8 g par jour de poudre de thym mélangée à du miel de romarin.

Fatigue

Musculaire : voir *Sports*.
Postgrippale ou opératoire : cure de pollen (voir dose, p. 103).
Intellectuelle ou psychique : cure de pollen ou de gelée royale (voir dose, p. 97 et p. 103).

Foie

Prendre le matin à jeun, un jour sur deux, une cuillerée à soupe de miel de romarin, et 1 cuillerée à café de ce même miel après le repas du soir.
Le miel, favorisant la sécrétion biliaire, est un stimulant des fonctions hépatiques.

Furoncles

Mélanger à poids égal miel et farine, jusqu'à obtenir une préparation homogène. Protéger par une gaze stérile.

Gorge

Dans les cas d'angine, d'amygdalite ou de simple inflammation, vous pouvez compléter le traitement médical :

— En consommant plusieurs fois par jour une cuillerée à café de miel que vous laissez fondre lentement dans la bouche.

— En buvant également des tisanes de mélilot◇ (20 à 30 g de fleurs pour un litre d'eau en infusion), édulcorées au miel.

◇ Mélitot : *issu du mot grec* melitos, *lotus à miel.*

— Faire, enfin, des gargarismes avec une décoction de feuilles de ronce (40 à 50 g par litre) bouillies 5 minutes, infusée 10 minutes. Ajoutez une cuillerée à soupe de miel.

Goutte

Massez légèrement avec du miel d'origan (autre nom de la marjolaine) ou de bruyère. Enveloppez d'une gaze et d'un lainage.

Grippe

— Prendre plusieurs fois par jour du miel de lavande dans les tisanes, ou pour sucrer un dessert ;

— ou bien, dans une tasse d'eau bouillante, presser

le jus d'un citron et ajouter une cuillerée à soupe de miel de lavande. A boire chaud 3 ou 4 fois par jour.

Grossesse
La consommation de miel est à recommander en remplacement des sucres. Les effets bienfaisants sont constatés sur les nerfs, la régulation des selles, etc.

Hémorroïdes
Déssécher complètement des figues au four, les réduire en poudre au mortier. Malaxer avec du miel pour en faire un onguent.

Hypertension
Etant un régulateur de la tension artérielle, le miel convient donc aussi pour l'hypotension. On peut utilement l'associer avec des tisanes d'aubépine, de feuilles de gui, d'anis, ainsi qu'à la consommation d'ail, de jus de pomme ou de vinaigre de cidre.

Inflammations
Des paupières : à l'aide d'une œillère, prendre des bains d'eau bouillie dans laquelle on aura dilué une cuillerée à soupe de miel.
De la peau : mélangez 2/3 de miel et 1/3 d'huile d'olive, et appliquez sur la partie à calmer.

Insomnies
Avant le coucher, prendre régulièrement une infusion de tilleul ou de fleur d'oranger (3 à 4 feuilles par

tasse). Sucrer avec du miel de tilleul ou d'oranger. On peut préparer également pour la nuit un verre d'eau dans lequel on aura dissous une cuillerée à soupe des miel de tilleul ou d'oranger.

Leucorrhée ou pertes blanches

Compléter le traitement médical en prenant le plus souvent possible du miel de thym ou de serpolet. Associer avec des tisanes de romarin édulcorées au miel de romarin.

Ménopause

Prendre de 20 à 40 g de miel le matin, une demi-heure avant le petit déjeuner. Remplacer le sucre par du miel chaque fois que cela est possible. Associer avec des tisanes d'aubépine.

Métabolisme

Cure de pollen (voir p. 103) de 1 mois à raison de 20 g par jour. Si le pollen est conseillé pour remédier à l'amaigrissement, il est aussi un facteur équilibrant du métabolisme, ainsi qu'un agent actif des échanges nutritifs qui peut être utilisé dans les régimes contre l'obésité. Ces régimes hypocaloriques, ou déséquilibrés, peuvent créer des insuffisances en sels minéraux, vitamines et oligo-éléments ; le pollen est, sous un faible volume, un concentré de ces éléments vitaux.

Nerfs

— Nervosité : utilisez du miel de tilleul.

— Névrites (inflammations ou lésions des nerfs): appliquez sur la partie douloureuse des compresses chaudes à base de miel (200 g au litre) dissous dans une décoction de feuilles de lierre grimpant (150 g au litre).

Nez bouché

Rhume de cerveau : consommez un morceau de miel en rayon. Mastiquez longuement. Rejetez les résidus de cire.

Rhume chronique : mâchez habituellement un morceau de miel en rayon. Rejetez les résidus de cire.

Piqûres d'insectes

Dissoudre une cuillerée à soupe de miel dans un litre d'eau chaude. Appliquez tiède.

Rachitisme

Trouble de la croissance parfois accompagné de déformation osseuse due, entre autres causes, à un déséquilibre calcium-phosphore.

Le pollen peut entrer dans le cadre des soins médicaux et de la ration alimentaire. Dose, de 3 à 6 ans, pour 2 mois de cure : 1 cuillerée à café de pollen avant le petit déjeuner, 1 cuillerée à café avant le déjeuner. De 6 à 12 ans, doubler la dose à midi. Cesser la cure pendant un mois et reprendre au besoin les 2 mois suivants.

Règles douloureuses
Prendre du miel de tilleul, en particulier, pour sucrer vos boissons, plusieurs jours avant le début des règles.

Rhumatismes
2 à 3 cuillerées à soupe de miel de bruyère le matin à jeun, ou mieux se faire piquer périodiquement par les abeilles si l'on est courageux et qu'on ne présente pas d'allergie au venin (voir p. 125).

Rhume des foins
Traitement préventif (*cas bénins*)
2 cuillerées à café de miel liquide à chaque repas dans une boisson ou comme édulcorant d'un dessert.
Ou mastiquer 3 fois par semaine un morceau de miel en rayon. Rejeter le résidu de cire.
Pendant les deux mois qui précèdent la floraison, mâcher un morceau de miel en rayons tous les jours.

Le miel en rayons
Le besoin du retour au naturel a justifié la commercialisation du miel en rayons appelé également « gâteau de miel ». La saveur et les qualités spécifiques du miel sont alors incomparables. En effet, le plus grand nombre des éléments vivants privés de leur source créatrice subissent un appauvrissement : la pomme au cellier, la fraise dans son sirop perdent la vigueur de la sève qui les a nourries. De même que l'eau oublie le rocher où elle est née, éloigné de sa cellule protectrice, le miel, « élixir de fleurs », perd jusqu'au souvenir du vent qui les a semées. Emprisonné dans un rayon dont nul n'a forcé les portes, il est encore saturé de ses forces vitales (peu de miels cristalliseront en rayon) et possède un pouvoir bactéricide qui a pu être contrôlé en laboratoire. Du gâteau fracturé s'écoule une véritable nourriture vivante.

Traitement préventif (cas aigus)
Pendant les 3 mois qui précèdent la floraison, prendre une cuillerée à soupe de miel dans un verre d'eau au coucher.
15 jours avant la date possible du déclenchement de la crise◇, prendre au lever et au coucher 2 cuillerées à café de miel et 2 cuillerées à café de vinaigre de cidre diluées dans un grand verre d'eau.

◇ *Variable, suivant les allergies à tel ou tel pollen : remarquez l'époque de la pollinisation.*

Pendant toute la période critique, continuer ce régime en y associant la mastication régulière de morceaux de miel en rayons.

Traitement curatif en cas de crise
Prendre 5 fois par jour pendant les 2 premiers jours, un morceau de miel en rayons. Limiter à 3 fois par jour pendant les jours suivants jusqu'à disparition de l'affection◇.

◇ *Ce traitement est préconisé par le Dr Jarvis :* Ces vieux remèdes qui guérissent, op. cit.

Il semble que des essais de désensibilisation au pollen aient été réalisés à l'hôpital Broussais, par des injections d'extrait de pollen frais.

Sinusite
Traitement préventif : 2 cuillerées à café de miel à chaque repas : un morceau de rayon de miel à mastiquer une fois par jour.
Traitement curatif : 4 à 6 fois au cours de la journée,

prendre un morceau de miel en rayons et le mastiquer pendant 15 minutes. Prolonger au besoin le traitement plusieurs jours.

Sports

Pour l'entraînement : 30 g par jour à répartir entre les différents repas.
Pour le canotage : 30 à 60 g par jour avant le départ.
Pour le football : 30 à 60 g avant le match. A la mi-temps : boisson citronnée au miel◇.

◇ *Ces proportions sont recommandées par le Dr Fischer-Juison, de l'Institut américain du miel.*

Pour les grands parcours à bicyclette : dans un bidon, mélanger le jus d'une orange, le jus d'un citron, 250 g de miel, 1 petite pincée de sel, 1 pincée de bicarbonate de soude. Si le miel est dur, diluer en doublant les quantités de jus de fruits ou en ajoutant de l'eau.

Toux

Bronchite : miel de sapin ou de pin ; 1 cuillerée à dessert plusieurs fois par jour dans une boisson chaude.
Sirop contre la toux chronique : prenez un citron, lavez-le soigneusement même s'il n'est pas traité au diphényl. Faites-le bouillir 10 minutes afin de le ramollir. Coupez-le en 2, extrayez le jus, ajoutez 2 cuillerées de glycérine et ajoutez du miel jusqu'à obtenir un sirop. Prendre une cuillerée à café avant le coucher et dans la nuit si nécessaire. En cas de toux persis-

tante, prendre 4 ou 5 cuillerées à café au cours de la journée.
Eau émolliente contre la toux opiniâtre : dans 1 litre d'eau, faites bouillir une bonne cuillerée à soupe de blé biologique (écrasé au moulin à café). Laissez reposer, filtrer, buvez en ajoutant, par tasse, une grosse cuillerée de miel de sapin.

Venin

Voir Méfaits et bienfaits du venin d'abeille, p. 123.

MEFAITS ET BIENFAITS DU VENIN D'ABEILLE

Nous verrons plus loin (p. 155) quelle est la meilleure manière d'aborder les abeilles. En fait, il n'est pas utile de donner de conseils aux professionnels de l'apiculture. Ils savent bien que la seule façon d'éviter les piqûres — si l'on n'est pas protégé —, c'est d'éviter toute panique et tout geste inconsidéré, ce qui aurait pour résultat immédiat d'aiguiser la colère des insectes. Il est évident que les abeilles sentent aussi la peur chez ceux qui les approchent avec anxiété, autant que l'alcool et les produits de beauté : trois odeurs qui les incommodent au point qu'elles piquent presque instantanément.
On ne saurait donc trop recommander aux néophites de se protéger soigneusement s'ils désirent approcher une ruche par curiosité.

SI VOUS ETES PIQUE PAR UNE ABEILLE

La piqûre d'abeille est extrêmement douloureuse, même pour ceux qui en ont l'habitude. Cependant, le sang-froid recommande de ne pas s'agiter pour autant, surtout s'il y a d'autres abeilles à proximité, ce qui risquerait de les attirer. Le venin est contenu dans le dard situé à l'extrémité de l'abdomen. Une abeille ne pique qu'une fois : l'arrachement du dard, qui reste dans la piqûre, entraîne une partie du système digestif et cette blessure lui est fatale. Le dard restant piqué dans la peau, enlevez-le avec précaution en essayant de ne pas appuyer sur la poche à venin qui se trouve à la partie supérieure de l'aiguillon. Ne saisissez donc pas celui-ci entre le pouce et l'index, ce qui aurait pour effet de vider la poche. Appuyez avec l'ongle sur la chair contre le dard et essayez de le faire ressortir de cette manière. On peut ainsi espérer que le venin contenu dans l'aiguillon ne pénétrera pas complètement dans la chair. Utilisez immédiatement, et en frottant énergiquement, du jus d'oignon ou de poireau frais ou, à défaut, du vinaigre de cidre.

Ces trois remèdes empiriques ont le mérite de calmer la douleur et d'empêcher, ou de modérer, l'enflure qui peut être extrêmement spectaculaire. Si la piqûre est faciale, elle peut occasionner la fermeture presque complète de l'œil et lui donner la grosseur d'un petit œuf de poule. La piqûre à la lèvre crée des déformations gênantes autant que ridicules. Néanmoins, les piqûres en nombre limité ne sont pas en général dangereuses. Tout au plus (chez les sujets non allergiques) peuvent-elles entraîner une fièvre plus ou moins forte. Un homme bien portant peut supporter facilement une dizaine de piqûres. Les enfants et les femmes sont généralement plus sensibles. L'habitude des piqûres chez les apiculteurs leur confère cependant une certaine immunité.

ATTENTION AUX ALLERGIES
Le venin d'abeille est bénéfique (voir plus loin) contrairement au venin de guêpe, celui-ci entraînant très souvent des réactions annexes qui peuvent être graves (perturbations circulatoires et respiratoires, syncopes). Il arrive cependant que certains sujets soient allergiques au venin d'abeille et présentent des réactions analogues à celles des piqûres de la guêpe. Ces réactions étant pratiquement immédiates, il est indispensable d'avoir recours aux soins d'un médecin le plus rapidement possible.

LE VENIN D'ABEILLES: SERUM DE LONGUE VIE

Il n'y a que des apiculteurs heureux : pas de rhumatismes, pas ou peu de cancers, et ils meurent souvent centenaires.
Bien sûr, c'est, traduit en boutade, une réalité qui ressort de nombreuses observations et statistiques qui ne feraient d'ailleurs que corroborer les dictons de la sagesse populaire.
Il n'est pas de notre propos d'entrer dans le détail des applications de ces observations dans le domaine

médical. Il semble pourtant qu'en France on s'intéresse peu à l'apithérapie, c'est-à-dire à l'utilisation du venin d'abeille dans un but thérapeutique. Il n'en va pas de même en Allemagne, en U.R.S.S. ou au Canada qui utilisent le venin d'abeille dans des buts curatifs◇,

◇ *Cf. 20ᵉ Congrès international d'apiculture de Bucarest, 1965.*

soit en piqûres intramusculaires ou sous-cutanées (précédées d'un test de sensibilité au venin pour prévenir toute allergie possible), soit en pommades (pour les douleurs et le soin des furoncles, abcès, etc.). Les expériences montrent que ces thérapeutiques sont moins efficaces que l'action directe de l'insecte lui-même. C'est peut-être ce qui restreint l'utilisation de l'apithérapie en France. La piqûre directe de l'abeille semble, en effet, difficile à pratiquer quand on n'a pas l'habitude, d'autant plus que, pour les sujets souffrant de douleurs bien localisées, il est indispensable que la piqûre soit pratiquée à l'endroit même de la douleur. Signalons toutefois que les piqûres directes sont utilisées en U.R.S.S. dans certains hôpitaux et polycliniques◇.

◇ *Il semblerait également que l'Institut Pasteur, à Paris, pratique parfois cette forme de traitement.*

LES EFFETS RECONNUS DU VENIN D'ABEILLE

Le venin d'abeille est un vaso-dilatateur puissant, c'est-à-dire qu'il augmente le diamètre des vaisseaux sanguins. C'est un fluidificateur sanguin, donc un anticoagulant ; il abaisse la tension artérielle. En U.R.S.S., au Canada, il a été utilisé pour les maladies suivantes : rhumatismes, polyarthrites infectieuses, névralgies, sciatiques, artériosclérose, œdèmes, asthmes, migraines◇.

◇ *D'après une communication du 18e Congrès international d'apiculture à Montréal.*

le miel, source de beauté

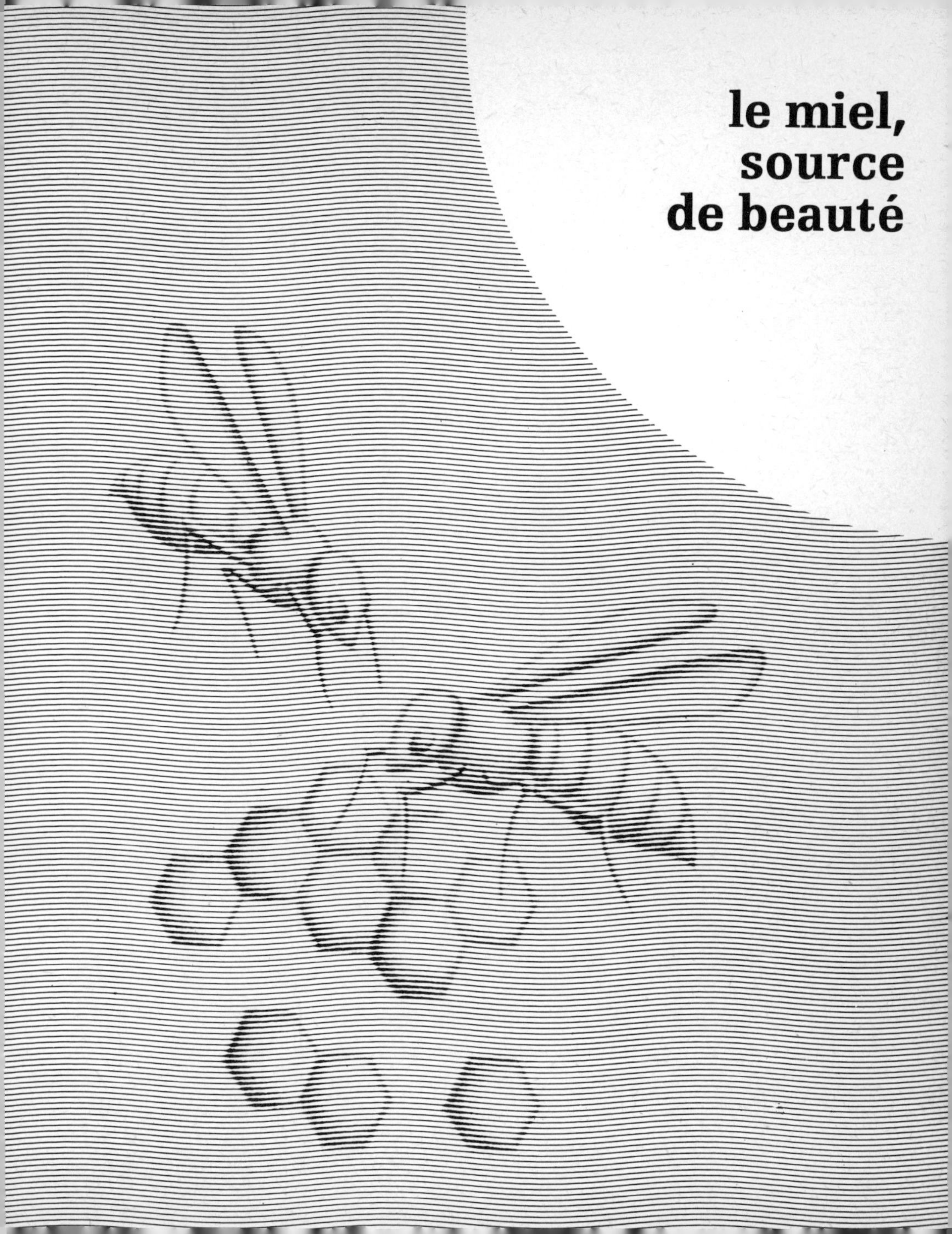

S'EMBELLIR

Tous les poètes ont comparé les femmes aux fleurs, assemblant leur beauté dans la même douceur. L'abeille, par son miel, est devenue comme le symbole réceptacle de cette fragile vertu : buste de femme et corps d'abeille, telle est la déesse Mélissa dont Zeus travestit l'insolente beauté. A Vénus, la beauté même, Dédale consacrera une ruche en or, et le fils de Minos recouvre jeunesse et vie au seul contact du miel sur ses lèvres.

LES PLUS GRANDES SEDUCTRICES UTILISAIENT DU MIEL

Comment les femmes ne se seraient-elles pas laissé séduire par ce nectar des dieux, par ce miel qu'Agnès Sorel, « la Dame de Beauté », appelait l'« âme des fleurs » ?

De fait, l'usage du miel comme produit de beauté remonte haut dans le temps et semble bien être universel. Déjà Poppée, la coquette femme de Néron, se baignait le visage de miel et de lait mêlés ; les patriciennes de Rome, qui utilisèrent longtemps ce procédé, mâchaient aussi un mélange de miel et de

menthe pour purifier leur haleine et cacher ainsi leur penchant pour le vin. Agnès Sorel, Marguerite de Navarre, célèbres par leurs amours, usaient du miel dans les préparations de leur toilette.
Le miel a toujours eu la réputation de blanchir, d'adoucir et de raffermir la peau. Les mains lisses des Japonaises doivent sans doute leur absence de flétrissement à la lotion miellée quotidienne qu'elles utilisent.
C'est avec des semences d'orange écrasées et mélangées de miel que les Chinoises soignent l'acné du visage et s'éclaircissent le teint.
C'est en lait corporel que les créoles de la Louisiane utilisaient un miel corsé d'épices variées et, en Egypte, c'est pour se parfumer la bouche que les femmes mastiquaient un mélange de miel et d'épices.

MIEL, POLLEN ET GELEE ROYALE VOUS APPORTENT LA BEAUTE

Outre le miel, les produits commercialisés contiennent d'infimes proportions de gelée royale. La présence de certains acides aminés dans la gelée royale autorise à penser que ce produit ne peut être que bénéfique pour l'épiderme. Ainsi l'acide panthothénique ou vitamine B 5, l'acide nicotinique, la lactoflavine ou vitamine B 6, tous contenus dans la gelée royale, interviennent directement (outre d'autres actions dont nous parlons page 59) dans la formation et le maintien de l'activité des tissus cutanés.

Il semble cependant que les quantités infinitésimales contenues dans ce produit ne pourraient suffire à expliquer une action efficace sur l'épiderme. D'autre part, les quantités de gelée royale incluses dans les produits de beauté sont infimes (2 à 3 g de gelée par kg de crème) et, à cette échelle, l'action des acides aminés ou vitamines cités se révélerait presque inexistante. Toutefois, alors que les effets stimulants et thérapeutiques de la gelée royale n'apparaissent que dans une minorité de cas et sont controversés (voir page 96), les effets bienfaisants sur la peau sont pratiquement constants. Faut-il l'imputer à ce même facteur de croissance des cellules, facteur intervenant dans l'évolution prodigieusement rapide de la reine (voir page 33) ou à tout autre élément inconnu et non révélé, scientifiquement recelé dans les 3 % de matières indéterminées de la gelée royale ?

Sans entrer dans les détails expérimentaux, les phénomènes suivants ont été enregistrés par le Dr Decourt après application locale de produits à base de gelée royale, utilisée à un pourcentage commercial courant. Les résultats semblent meilleurs avec l'association d'un traitement par voie buccale.

« La gelée royale agit sur tous les éléments caractéris-
» tiques de la kérotracose (irrégularité très fine de
» l'épiderme, aspect terne et grisâtre de la peau, épais-
» sissement et élasticité insuffisante, perturbation des
» sécrétions sébacée et sudorale). Après quelques jours
» de traitement, l'épiderme devient plus lisse tant à la

» vue qu'au toucher, la peau est moins épaisse et sur-
» tout plus souple, moins terne, plus translucide. Les
» anomalies de sécrétion tendent à disparaître◇. »

◇ *Dr Decourt :* Revue de pathologie générale.

De même, la consommation du pollen, pour des raisons thérapeutiques, ferait apparaître un phénomène annexe : la peau s'adoucit, devient plus douce et satinée. Toutes ces constatations ont été mises à profit par les fabricants de produits de beauté.

A noter que le pollen contient, entre autres acides aminés, de la cystine, acide aminé soufré, qui entre pour 17 % dans la composition des cheveux◇ ; il semble donc intéressant que des shampooings contenant du pollen soient utilisés pour les soins de la chevelure. Le Dr Decourt pressent que l'application de crèmes à base de pollen ou de gelée royale pourrait avoir un effet efficace contre la chute des cheveux dont elles favoriseraient même la repousse.

◇ *Nombre de produits ou de shampooings utilisent des éléments à base de soufre pour les soins des cheveux.*

Soyez raisonnable. N'en concluez pas, toutefois, qu'il s'agit d'un remède miracle. Retenez seulement que des lotions ou crèmes, honnêtement préparées à base de gelée royale ou de pollen, sont certainement susceptibles d'apporter autant d'agrément que tout autre produit de beauté, à plus forte raison si elles sont associées à des éléments consacrés par des générations d'utilisatrices : essences de plantes, huile d'amande douce ou d'olive, etc.

L'essentiel, comme chaque fois qu'il est question de produits naturels et par conséquent artisanaux, est d'avoir un bon fournisseur auquel vous pourrez faire confiance. Sachez cependant que bon nombre d'apiculteurs ne sont que des revendeurs de produits fabriqués à plus grande échelle. Sachez également que vous pouvez en préparer vous-mêmes un certain nombre.

LES RECETTES DE NOS GRAND MERES

De même qu'elles usaient avec sagesse des plantes grâce à une parfaite connaissance de leurs vertus, elles connaissaient aussi l'utilité d'autres éléments naturels pour les soins du corps et du visage. L'huile d'olive, l'huile d'amande douce, le miel, s'ils servaient d'excipients — c'est-à-dire de support aux pommades — avaient aussi leur utilité. Inconsciemment, avant même de les avoir découverts, elles utilisaient l'action bienfaisante sur la peau des vitamines et des sels minéraux qu'ils contiennent.
Voici quelques-unes de ces recettes qui serviront à votre beauté. Elles sont exclusivement à base de miel puisque les pouvoirs de la gelée royale et du pollen n'étaient pas encore connues ou reconnues.

Onguent pour les bras
Si vos bras sont rugueux et rouges, frottez-les avec un mélange de pâte d'amandes et de miel.
Pour faire la pâte d'amandes, prenez 50 g d'amandes

amères ; jetez-les dans l'eau bouillante pour les débarrasser de leur pellicule. Faites-les sécher. Pilez-les dans un mortier. Pilez à part 30 g de racines d'iris et 30 g d'amidon. Mélangez et ajoutez 4 jaunes d'œufs. Incorporez et humectez avec 200 g d'esprit-de-vin (eau-de-vie) et 20 gouttes d'essence de rose. Faites chauffer à feu doux.
Le miel, 500 g, est fondu à part et ajouté au dernier moment. Gardez la préparation en pots au sec.

Savon de toilette
Le savon à base de miel est antidartreux. On prétend même qu'il est susceptible d'arrêter la chute des cheveux et de la barbe.
Faites dissoudre un kilogramme de savon blanc de Marseille dans un peu d'eau pour l'empêcher de brûler. Tout en agitant le mélange, ajoutez 500 g de miel ; continuez de chauffer encore quelques instants, puis retirez du feu et aromatisez avec de l'essence de cannelle ou tout autre parfum à votre convenance.
Le savon refroidi peut être coupé en morceaux et employé aux divers usages de la toilette.
Autre formule pour un pain de savon : faites dissoudre au bain-marie 50 g de savon blanc de Marseille râpé finement. Ajoutez 150 g de miel et 50 g d'eau de fleur d'oranger pour le parfumer.

Tonique pour la peau
Mélangez une cuillerée à café de miel, une cuillerée à café de farine de seigle, un jaune d'œuf. Mélangez et

appliquez sur le visage pendant 30 minutes environ.
Tonique pour peaux sèches : ajoutez au mélange précédent une cuillerée à café d'huile d'olive.
Tonique pour peaux grasses : faites dissoudre 50 g de miel dans 1 litre d'eau de Cologne. Frictionner légèrement le visage le matin au réveil.

Antirides
Mélangez un bulbe de lis blanc écrasé avec 30 g de miel et autant de jus d'oignon et de cire vierge. Faites chauffer doucement au bain-marie jusqu'à ce que la cire soit fondue. Laissez refroidir en remuant de temps en temps. Appliquez en masque sur le visage, en particulier autour des yeux, de la bouche et sur le cou.

Masque pour peaux grasses et ternes
Mélangez soigneusement une cuillerée à café de miel liquide, une cuillerée à café de jus de citron fraîchement pressé, une goutte de teinture de benjoin. Appliquez sur le visage et le cou, conservez une heure environ. Enlevez avec une infusion de plantes. Pour 1/2 litre d'eau : une cuillerée à soupe de poudre de romarin, une pincée de poudre de millepertuis, une fleur de camomille romaine.

Irritations de la peau
Enduisez les parties irritées de miel pur, laissez agir le plus longtemps possible. A cet effet, protéger avec une gaze, ou des gants s'il s'agit des mains.

Crevasses

Ces fissurations se produisent généralement aux pieds et aux mains. Elles sont souvent la conséquence d'une exposition au froid et à l'humidité, de travaux ménagers excessifs ou effectués sans protection. A ces causes s'ajoute souvent une carence vitaminique, en particulier de vitamines A et D.

En traitement local, vous pouvez enduire les parties crevassées de miel. Protégez par une gaze ou mettez des gants (la nuit, par exemple). La peau acquerra de ce fait une plus grande résistance.

Gerçures

Ces irritations, rougeurs et démangeaisons de la peau, notamment aux doigts et aux pieds, sont dues aux mêmes causes que les crevasses (voir ci-dessus).

Préparez le mélange suivant : 50 g de miel, 50 g de résine, 50 g de camphre. Travaillez le mélange pour le rendre homogène. Conserver dans une boîte hermétique à l'abri de la chaleur.

LES DERNIERS SECRETS DE BEAUTE

Il s'agit de recettes mises au point plus récemment par des spécialistes de la beauté, et que l'on peut préparer.

Pour retrouver la fraîcheur de la peau

Mélangez un jaune d'œuf, une cuillerée à café de miel, une cuillerée à café de pollen finement pilé. Etalez de

suite sur le visage et conservez 30 minutes. Rincez-vous à l'eau citronnée.
Autre formule : remplacez le jaune d'œuf par une cuillerée à café d'huile d'olive et le jus d'un demi-citron que vous mélangerez.
Dans tous les masques de beauté qui utilisent le miel, on peut remplacer ce dernier par du pollen.

Pour les rugosités des coudes et des genoux
Il se produit souvent à ce niveau un épaississement de l'épiderme, ou parfois des petites levées de peau qui peuvent être irritantes.
Appliquez en frottant doucement une très petite portion de gelée royale, ceci quotidiennement jusqu'à amélioration.

Pour le dessèchement de la peau
L'action conjuguée du froid, de l'eau calcaire et le port de tissus synthétiques peut produire un dessèchement et même une desquamation de l'épiderme.
Pour y remédier, mélangez 50 g d'huile d'amande douce et 10 g de miel ; appliquez légèrement en massant. Conservez-le le plus longtemps possible.

Pour le nettoyage de la peau
Chauffez doucement un demi-litre de lait de beurre◇. Ajoutez 5 cuillerées à soupe de fleurs de sureau. Tenez au chaud une demi-heure et laissez frémir jusqu'à ce

◇ *Le lait de beurre ou babeurre est le liquide qui reste au fond de la baratte quand on a fait le beurre. On en trouve maintenant en crémerie.*

que les fleurs soient souples. Laissez 3 heures en attente. Chauffez à nouveau. Ajoutez 2 cuillerées à soupe de miel. Utilisez pour nettoyer la peau du visage. Conservez dans le réfrigérateur.

Pour nourrir et assouplir la peau
Ajoutez une tasse d'eau à 2 cuillerées à soupe de poudre de racines de lis. Laissez macérer dans un pot couvert pendant une demi-heure. Filtrez, ajoutez une cuillerée à soupe de miel, mélangez. Ajoutez une once de lanoline et une demi-cuillerée à café d'eau de rose. Si nécessaire, mettez au bain-marie pour obtenir un mélange homogène.

LES PRODUITS COMMERCIALISES

Tous les fabricants de ces produits sont soumis à la réglementation générale des produits de beauté et de cosmétologie◇.

◇ *Syndicat français des produits de cosmétique.*

Signalons que la composition du produit doit figurer sur l'emballage.
Les produits sont commercialisés soit en direct (commande par correspondance), soit par l'intermédiaire de revendeurs : maisons de régimes, de produits diététiques, herboristes ou apiculteurs.

Voici les produits de beauté à base de miel, de gelée royale ou de pollen qui existent sur le marché.

POUR LES CHEVEUX

Shampooings
au miel
au miel et aux herbes (genièvre, bouleau)
à la gelée royale et aux herbes de Provence.
Recommandés pour les cheveux gras et fatigués.

Lotion
à la gelée royale s'appliquant en friction.

Laque
à la gelée royale.

POUR LE VISAGE

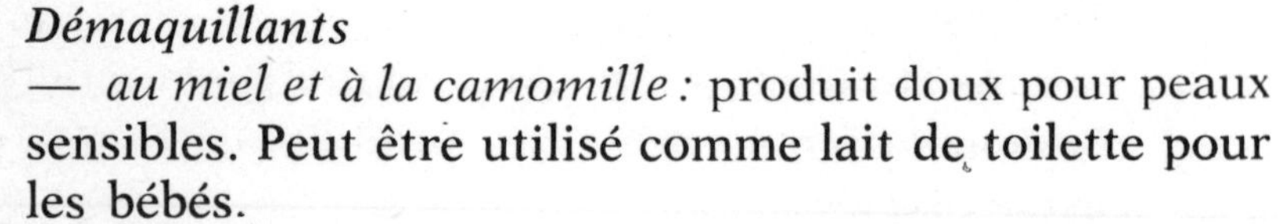

Démaquillants
— *au miel et à la camomille :* produit doux pour peaux sensibles. Peut être utilisé comme lait de toilette pour les bébés.
— *à la gelée royale.*

Lotions toniques
au pollen : recommandée pour les peaux sèches, rafraîchissante, hydratante, adoucissante, tonifie la peau après le nettoyage. Elle est indiquée avant l'application de toute crème de beauté.
à la propolis (voir ce mot page 25) : la propolis a été expérimentée avec succès pour les soins des brûlés et pour la cicatrisation de la peau.

Crèmes de beauté
de jour ou de nuit : à la gelée royale pour peaux grasses; à la gelée royale et à la cire d'abeille pour peaux sèches et sensibles.
Antirides: à la gelée royale, souvent associée à des huiles végétales ou animales (avocat, germe de blé, ricin, foie de morue).
Certaines de ces crèmes peuvent être utilisées pour atténuer les rugositées des coudes et des genoux.
Fond de teint : à la gelée royale ; elle allie les effets d'une crème de jour à la coloration du fond de teint.
Stick pour les lèvres : à base de cire d'abeille, souvent associée à l'huile de ricin ou à l'huile de millepertuis (plante aux propriétés cicatrisantes).
Crème solaire : au miel et à l'huile de millepertuis ; à utiliser pour les expositions au soleil avec risques de brûlures (ski, montagne, soleil de printemps, réverbérations sur l'eau, etc.).
Masque de beauté : au miel, convenant pour toutes les peaux.

POUR LE CORPS

Savons de toilette
au miel seul.
au miel et à la glycérine, ou à l'huile d'olive, ou à l'huile d'amande douce.
A leurs propriétés dégraissantes, ces savons ajoutent des éléments adoucissants et protecteurs. Ils sont

vendus en savonnettes ou en « pains » pour le bain. Ils peuvent être parfumés simplement au miel ou aux essences de plantes.

Crème pour les mains
au miel ou à la cire d'abeille associée à la lanoline.

Lait pour le corps
au miel, souvent associé à l'huile de germe de blé et à la lanoline.
Il convient de l'utiliser après la toilette, les bains de mer ou en piscine, pour réhydrater et assouplir la peau.

Produits pour les bains
moussants : à la gelée royale associée aux essences de romarin ou de mimosa.
traitants : au miel associé aux huiles essentielles de plantes, à la lavande (calmant et antiseptique), au romarin (tonifiant astringent), à la verveine (délassant, calme douleurs, courbatures ou ecchymoses).

EMBELLIR SA MAISON

Nos souvenirs d'enfance sont encore tout embaumés du parfum de meubles nourris de cire fraîche. Cette odeur, à la fois sucrée et un peu âpre, se répandait dans la maison aux premiers rayons du soleil de printemps. A cette époque, nos mères et nos grand-mères n'utilisaient pour l'entretien des meubles que l'encaustique en pâte à la cire d'abeille.
Le progrès, en nous facilitant, bien sûr, l'entretien de la maison, a remplacé par des « bombes » détachantes et lustrantes les bonnes vieilles boîtes d'autrefois. Ce nostalgique besoin du retour aux sources a suscité toutefois, chez certains fabricants, le désir de remplacer les produits synthétiques par de la cire d'abeille.
Si vous désirez faire vous-mêmes votre encaustique ou autres produits, vous trouverez ci-après quelques recettes.

LES RECETTES DE NOS GRAND MERES

On trouve actuellement dans le commerce de la cire d'abeille pure en paillettes, utilisable pour la fabrication des produits ménagers.

Cirage

Dissoudre 1 kg de cire en paillettes dans 600 g d'essence de térébenthine◇. Ajoutez 200 g de vaseline, surtout si le cirage doit être utilisé en hiver. Ce cirage peut être utilisé pour les chaussures, mais il est surtout recommandé pour les bottes de cheval et pour tous les cuirs de harnais auxquels il donne souplesse et brillant.

◇ *Voir Encaustique pour parquets (à froid), ci-dessous.*

Encaustique pour parquets

500 g de cire d'abeille en paillettes pour 1 litre d'essence de térébenthine.

A froid : placez la cire dans un « nouet » de linge usagé et ficelé. Laissez tremper le sac dans l'essence, jusqu'à dissolution complète de la cire. Opérer loin de toute flamme et de préférence à l'extérieur ou dans un endroit aéré, l'essence étant très volatile et les vapeurs inflammables. Versez dans une boîte, fermez hermétiquement.

A chaud : ce procédé, plus rapide, présente cependant des *dangers réels.*

Commencez par faire fondre la cire sur feu doux dans

Conseils pour l'utilisation des encaustiques
L'encaustique protège les bois et les sols tout en leur donnant du brillant. Il est recommandé de dépoussiérer avant d'utiliser. Peuvent être encaustiqués les meubles et parquets de bois, mais aussi les linoléums, les dalles de terre cuite. Les carrelages peuvent également être encaustiqués, mais ils deviennent alors très glissants et la cire, en agglomérant les poussières, finit par les encrasser. Ne pas utiliser sur les caoutchoucs qui sont sensibles aux solvants. Les encaustiques sont polissables, c'est-à-dire que leur brillant s'améliore après lustrage. Celui-ci doit être fait, après séchage, avec une brosse douce pour les meubles, puis un chiffon de laine. Pour les sols, utilisez la brosse à pied ou une cireuse.

une vieille casserole. Eteignez la flamme et éloignez-vous de l'appareil de cuisson. Ajoutez l'essence dans la cire peu à peu en tournant. Mettez en boîte ou en seau bien fermé.

Encaustique à l'eau pour carrelages
500 g de cire d'abeille en paillettes, 125 g de savon de Marseille, 100 g de potasse blanche, 3 litres d'eau.
Faites chauffer l'eau, ajoutez le savon. Laissez dissoudre. Ajoutez la cire, laissez dissoudre en remuant. Le liquide ne doit pas bouillir. Ajoutez la potasse. Retirez du feu. Mélangez jusqu'à complet refroidissement. Ce produit est excellent pour les carrelages de campagne. Etalez au pinceau. Laissez bien sécher. Frottez à la brosse à pied ou à la cireuse électrique.

Mastic à greffer
150 g de poix noire◇, 150 g de résine, 200 g de cire, 60 g de suif, 40 g de cendre de bois tamisée.

◇ *Il est difficile de se procurer ce produit.*

Faire fondre ensemble à feu doux tous les éléments, sauf les cendres. Bien mélanger et ajouter les cendres. Ce mastic est utilisé en jardinage pour les greffes d'arbres fruitiers. Il peut aussi être utilisé pour cautériser des plaies sur les arbres, après cassage de branches, par exemple, ou quand un arbre a été partiellement endommagé par la foudre.

Graisse pour chaussures
100 g de cire, 120 g de suif, 60 g de résine, 1 litre d'huile de lin.
Faire dissoudre ensemble tous ces produits au bain-marie. Retirer du feu et pétrir jusqu'à obtenir une consistance homogène et souple.
Cette graisse peut être utilisée pour les chaussures de cuir, de marche ou de montagne ; elle assouplit, protège et imperméabilise le cuir.

Pour consolider les manches d'outils ou de balais
Prenez 1 partie de cire, 1 partie de brique soigneusement pilée, ajoutez 4 parties de résine. Faites fondre au bain-marie cire et résine, ajoutez la brique. Mélangez. Mettez une petite quantité dans le trou de l'outil avant d'engager le manche à force.
Vous pouvez utiliser également ce procédé pour les manches de balais.

Pour faire glisser le fer à repasser
Prenez un petit morceau de cire, coupé dans un pain de cire vierge. Mettez-le dans un nouet fait d'un linge

usagé. Ficelez et frottez de ce nouet la semelle du fer chaud. Essuyez le fer à plat sur un linge usagé avant de repasser. Ce petit truc est très utile après nettoyage du fer au savon de Marseille ou chaque fois que le fer a été encrassé par l'usage d'un empois.

Pour enlever les taches de cire
La cire, en refroidissant, forme une plaque rigide qu'il faut détacher du support (tissu ou meuble), avec un couteau pour enlever le plus possible d'épaisseur.
Si la trace restante est légère, utilisez de l'essence de térébenthine sur un tampon d'ouate.
Si la trace est plus importante, utilisez du papier de soie en plusieurs épaisseurs. Placez-le entre le fer à repasser moyennement chaud et la tache à enlever, et déplacez le papier de soie et le fer autant de fois qu'il sera nécessaire.

LES PRODUITS COMMERCIALISES

Il s'agit soit d'éléments bruts qui permettent de faire soi-même les produits d'entretien, soit de produits tout prêts à l'ancienne, soit encore de produits nouveaux contenant de la cire d'abeille à des pourcentages variables. Vous trouverez :

Chez les apiculteurs
cire en pain, cire en paillettes, encaustique, bougies en cire gaufrée, roulée, ou en cire moulée.

En drogueries et grandes surfaces
Des produits à l'ancienne :
Cire en pâte blanche, jaune ou couleur noyer, en boîte de 250 cc à 1 000 cc.
Cire liquide : en jaune et couleur noyer, en flacons de 1/2 litre à 5 litres.

Ces produits semblent ne pas contenir plus de 6 % de cire d'abeille.
Cire d'abeille pure : en blanc (la plus chère car elle est blanchie au soleil) et naturelle. Existe aussi en cou-

Cire et encaustique

La cire est une substance soit naturelle (d'origine animale, végétale ou minérale), soit industrielle.
La cire d'abeille étant la plus réputée et la plus coûteuse est rarement vendue pure sauf mention « Garantie pure cire d'abeille » qui engage la responsabilité du fabricant.
Il est bien évident que la cire que l'on trouve chez les apiculteurs ou dans les maisons de miel est de la pure cire d'abeille, en pain ou en paillettes.

En droguerie, les pains de cire sont souvent mélangés de cire végétale (extraite d'un palmier à cire) ou minérale (paraffine).
La cire en pain peut être utilisée directement pour l'entretien des parquets et des meubles, mais elle est d'un maniement plus difficile.
Les cires servent le plus souvent à la fabrication des encaustiques : mélange de matières cireuses et de solvants (essences minérales ou thérébenthine) ou émulsions de matière cireuse et d'eau. Ces « encaustiques-émulsions » sont le plus souvent désignées sous le nom de « cire sans frotter ».

leur noyer, acajou, chêne et ébène. Présentation en bouteilles de verre de 250 cc à 1 000 cc.

Bien que cela ne soit pas mentionné sur le flacon, où figure « à la cire d'abeille » sans détails sur la composition, le fabricant assure que les éléments cirants sont exclusivement composés de cire d'abeille, soit 25 % environ. Le reste du produit est constitué de solvants divers.

DÉTACHAGE DES MATÉRIAUX CIRÉS*

Eléments	*Eau*	*Taches grasses*	*Peinture*	*Encre*
Meubles	Frotter avec un bouchon de liège coupé de frais.	Mélanger terre de Sommières et solvant (benzine, tétrachlorure).	Essence de térébenthine. Papier de verre très fin. Reteinter.	Décaper au papier de verre très fin. Reteinter. Réencaustiquer.
Parquets	Paille de fer.	Mélanger terre de Sommières et solvant (benzine, tétrachlorure).	Essence de térébenthine plus papier de verre.	Papier de verre.
Tomettes Carrelages	Cire à l'eau.	Vinaigre bouillant. Eau chaude savonneuse.	Térébenthine. Vinaigre bouillant. Eau chaude savonneuse.	Décolorant. Cire à l'eau.
Ardoise	Laver à l'eau savonneuse. Pour les taches tenaces, utiliser du vinaigre chaud.			

* Tout matériau décapé doit être réencaustiqué localement pour redonner de la couleur. Parfois, on sera obligé de décaper complètement pour rattraper l'unification du matériau (table par exemple).

Des produits nouveaux
Cire antiparasite : à base de cire d'abeille, de térébenthine et de produits antiparasites permettant de traiter les bois attaqués, moisis ou vermoulus.
autolustrant : mélange de cire minérale et de cire d'abeille, 5 % de silicone émulsifiant. Ces produits donnent une couche de brillant instantané sans frotter.

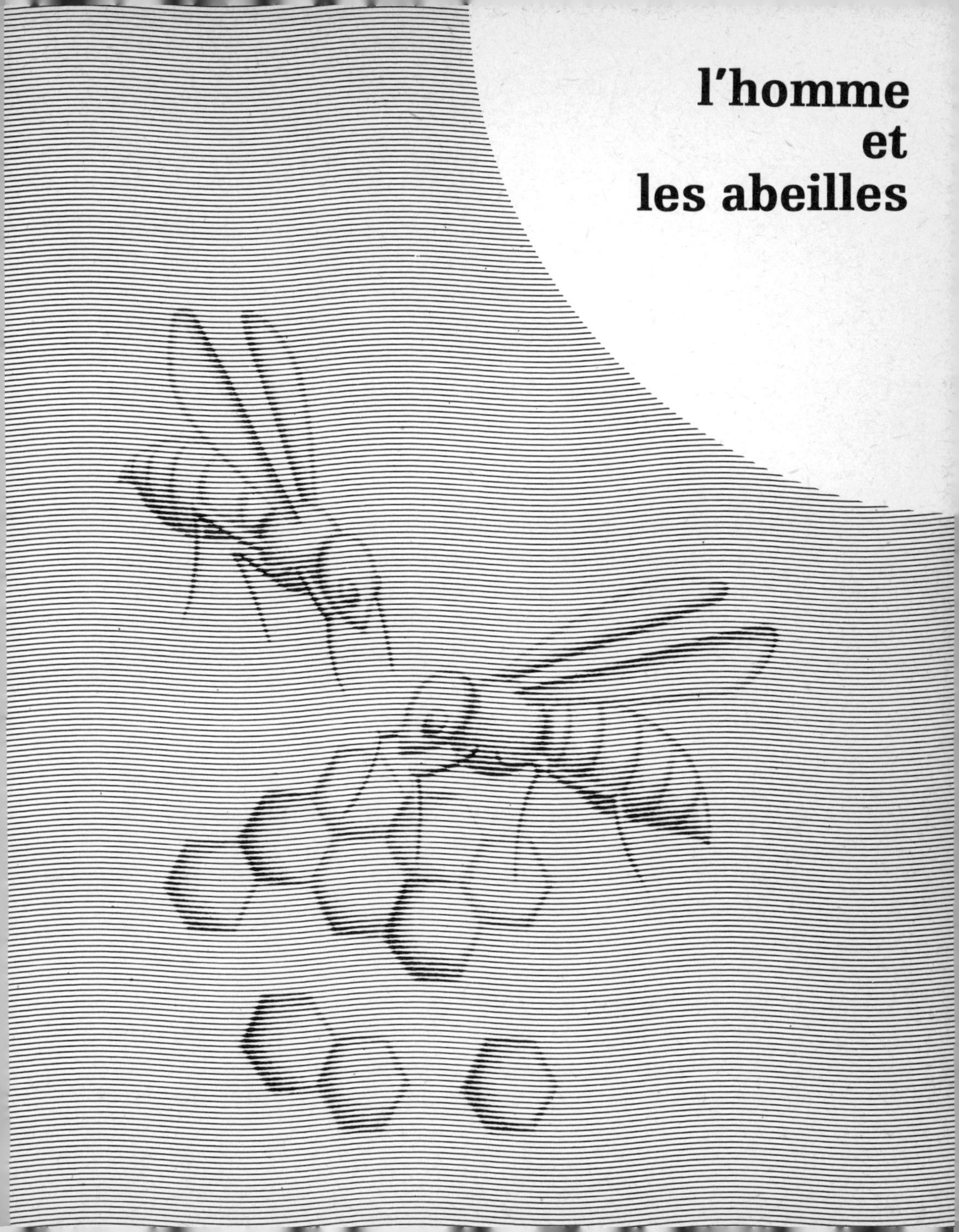
l'homme
et
les abeilles

L'APICULTURE EN AMATEUR

Il n'est pas question de développer ici la science de l'apiculture, mais seulement de donner quelques notions essentielles pour ceux qui seraient tentés par ces travaux. Parfois la tradition se charge de léguer les notions élémentaires d'apiculture, transmettant de bouche à oreille, de père en fils ou par relations de bon voisinage, conseils et expérience.

Pour l'apiculteur amateur qui se sent attiré par cette activité agreste, il existe un certain nombre d'écoles d'apiculture◇ qui initient à la connaissance des abeilles, aux travaux de conduite et d'entretien du rucher. Elles fournissent éventuellement le matériel nécessaire et des ruches peuplées.

◇ *Pour les adresses, voir p. 174.*

De la mesure avant toute chose

Notre propos ici est plutôt d'avertir et de rassurer. Les travaux d'apiculture (déterminés par l'activité des abeilles et le rythme des saisons) ne sont pas très astreignants. Des ruches bien entretenues nécessitent peu de soins, mais plutôt une vigilance voisine de la tendresse. C'est pourquoi il faut mettre en garde l'apiculteur amateur : une méconnaissance des réactions de ces insectes est souvent cause de découragement et de crainte, génératrice elle-même de gestes inconsidérés qui incitent les abeilles à se défendre.

L'attitude opposée n'est pas non plus souhaitable : on ne part pas à la conquête du miel avec ce faux courage et l'impunité que pourrait justifier l'abri d'une armure. La ruche est mieux défendue que le jardin des Hespérides et, plus que d'être dévalisées de leur trésor, ces amazones craignent l'agressivité. Elles aiment qui les aime, qui les approche avec confiance, qui travaille sans gestes brusques.

De même qu'elles connaissent l'humeur du temps, elles perçoivent les intentions de leurs visiteurs. Vierges guerrières promptes à s'effaroucher, elles n'apprécient, dit malignement la sagesse paysanne, ni les violents, ni les alcooliques, ni les débauchés.

Faut-il en conclure que seuls peuvent s'essayer à l'apiculture les êtres qui ont la confiance de ces petites filles laborieuses ? Oui, sans doute, parce qu'ils auront conscience du travail colossal qu'elles accomplissent, pour que de 10 000 fleurs visitées ne tombe qu'une goutte de miel.

Mais à ceux qui auront ce respect il est aussi donné d'aimer, plus que le pillage, les champs et la nature. Ceux-là auraient pu être pâtres ou poètes, et les abeilles qui ont l'âme virgilienne savent les reconnaître.

Un agréable passe-temps

Posséder quelques ruches est, pour beaucoup de ceux que l'on appelle des « amateurs », un des passe-temps agréables de la vie à la campagne. Il est certain que la culture des abeilles suscite un intérêt captivant. De véritables passions peuvent naître à observer la vie fascinante de la ruche. A cela, il faut ajouter le plaisir de « faire le miel », cette récolte précieuse dont il faut mener à bien la tranquille conduite.

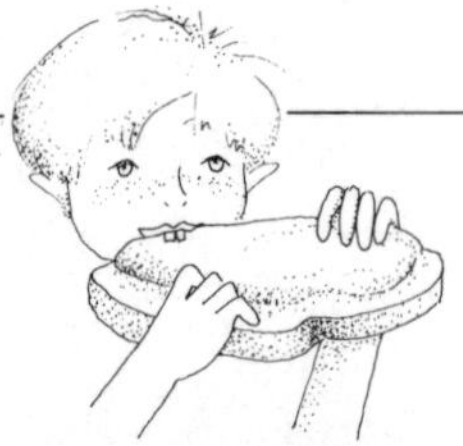

La profession d'apiculteur

On compte quelques milliers seulement d'apiculteurs professionnels. Les revenus que l'on peut espérer de l'élevage d'un rucher sont en effet relativement modestes et soumis aux caprices des saisons. Ceux qui font l'élevage intensif des abeilles pour la seule récolte du miel doivent le faire sans beaucoup d'aide (puisque ce travail est relativement saisonnier), ce qui suppose à la miellée et pour la vente un assez gros effort à fournir. De bonnes ruches bien garnies de fortes et saines colonies et implantées dans une région mellifère, une bonne compétence et une conduite soigneuse du rucher peuvent donner un rendement honnête. Encore faudra-t-il prévoir une petite rente financière pour les années maigres.

C'est pourquoi beaucoup d'apiculteurs complètent la production du rucher par la vente de produits de confiserie et de produits de beauté (voir la liste de ces produits commercialisés p. 175).

D'autres pratiquent la production forcée de la gelée royale et du pollen, technique déjà beaucoup plus complexe.

Pour être rentable et pour faire vivre une famille, un rucher doit comporter de 300 à 400 ruches. C'est pourquoi l'apiculture intensive n'est à la portée que d'un petit nombre de spécialistes.

COMMENT APPROCHER LES ABEILLES

Les abeilles piquent ! C'est une constatation douloureuse, souvent inesthétique, parfois dangereuse.
Il est évident que certains individus sont piqués quelles que soient les précautions prises (voile, gants, fumée) alors que d'autres apiculteurs, travaillant sans voile ni gants, le sont très peu. Trop de précautions nuisent parfois, faisant naître dans le cœur de l'intrus une inquiétude qui va très vite se retourner contre lui. Dès que les abeilles ont piqué et si elles perçoivent la peur de leur victime, elles s'excitent et s'acharnent volontiers sur qui elles viennent d'attaquer. L'affolement s'en mêle, la fuite éperdue, les gestes brusques qui peuvent déchaîner les vagues d'assaut de la cité. C'est ainsi que bien des novices, après cette douloureuse épreuve, conçoivent une crainte irréversible de ces insectes et abandonnent très vite leurs premiers essais.

Etre prudent sans être timoré

Pour approcher les abeilles sans trop de dommages, il ne faut pas être trop douillet, les quelques piqûres récoltées lors des manipulations doivent être prises avec une certaine bonne humeur. D'une part, leur effet thérapeutique est certain (voir page 126). D'autre part, il se crée une espèce d'accoutumance, les premières piqûres sont les plus douloureuses, avant tout par l'effet de surprise qu'elles provoquent. Par la suite, il se fait chez les apiculteurs confirmés une sorte de

mithridatisation qui rend les sujets moins sensibles. Ceci dit, il est préférable d'éviter les piqûres intensives en contrôlant son propre comportement et en étudiant celui des abeilles.
Contrairement à une opinion injustement répandue, les abeilles sont des êtres extrêmement sociables et sensibles. C'est en raison même de leur sens de l'harmonie et de l'ordre qu'elles détestent l'agitation et l'agressivité. La meilleure des ouvertures est la confiance. Qui veut connaître et approcher sans danger ces insectes doit essayer de leur faire comprendre qu'ils n'ont rien à redouter de sa présence.
Toutes les manipulations doivent être effectuées sans hâte et en observant l'attitude des insectes. L'apiculteur enfume doucement l'entrée de la ruche et le haut des cadres quand la ruche est ouverte. Il n'enlève un rayon que si les abeilles sont paisibles ou en enfumant légèrement◇ s'il constate des signes d'irritation. Il

◇ La fumée a un pouvoir calmant sur les abeilles.

balaie doucement au-dessus de la ruche les abeilles au travail sur le cadre qu'il vient de prélever.
Au prix de ces précautions bien simples et dans la plupart des cas, l'homme n'a rien à craindre des abeilles.

Connaître les moments favorables

Ce qu'il faut connaître du caractère des abeilles permettra aussi d'éviter de les mettre en effervescence. Ces insectes ont le caractère changeant et ceci en relation directe avec la température extérieure, le

moment de la journée et l'importance de leurs occupations. En pleine miellée, quand le temps est beau et la récolte prometteuse, les abeilles sont tellement occupées qu'on peut sans crainte ouvrir la ruche.
En revanche, le matin de bonne heure, ou la nuit quand la ruche est pleine constituent des heures peu propices à quelque inspection. L'humeur des abeilles est aussi extrêmement sensible à l'orage, au grand vent qui les excite. La pluie, en diminuant la miellée, les rend agressives.
Enfin, dès que la floraison est finie, les arbres défleuris ou que l'hiver approche, elles s'apprêtent à défendre jalousement leur trésor, et il est préférable de ne pas aborder la ruche en dehors d'absolue nécessité.

LE MATERIEL

Vous pouvez vous procurer ce qui vous semble nécessaire soit dans de grands magasins soit chez les apiculteurs spécialisés (voir adresse p. 174). Il est recommandé toutefois de bien examiner le matériau utilisé et les finitions d'une ruche ou d'un extracteur : la différence de prix est parfois justifiée.
Préférez un matériel solide : choisissez-le plutôt classique de façon à pouvoir le compléter ou le remplacer partiellement au fur et à mesure des besoins.
Actuellement le prix d'achat d'une ruche classique complète non peuplée se situe entre 250 et 350 F.
A savoir : l'extracteur, élément indispensable pour la récolte, est le matériel le plus onéreux : il faut compter 900 F pour un appareil en acier inoxydable.

LE MATERIEL NECESSAIRE

LES RUCHES

Hormis les ruches anciennes semblables à de petites huttes de paille, de genêt ou d'osier, il existe trois ou quatre grands modèles de ruches modernes à cadres. Tous ces modèles présentent des avantages et des inconvénients.

La ruche Dadant

Celui qui semble retenir les suffrages est le modèle Dadant dont les différentes parties sont facilement superposables en hauteur. Quel que soit le modèle adopté, il est préférable d'uniformiser le rucher afin de pouvoir facilement modifier les unités, grâce à un matériel interchangeable.

Certains apiculteurs préconisent le mélange dans un même rucher de ruches modernes et de ruches en paille « dites vulgaires ». Celles-ci, de capacité très réduite, permettraient — d'après eux — d'augmenter plus rapidement le peuplement du rucher par essaimages fréquents (voir p. 166).

Les ruches et la loi

L'implantation des ruches ne peut se faire n'importe où. Il existe des distances à respecter (variables suivant les départements) par rapport aux voies publiques, maisons d'habitation, collectivités, établissements publics◇.

◇ *Consulter à ce sujet le Code rural et se renseigner auprès de la Préfecture du département.*

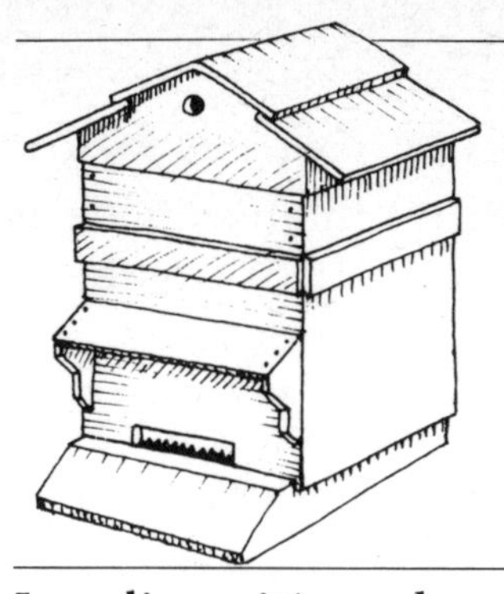

LA RUCHE DADANT

Grâce à ses différents cadres superposables, la ruche, de type Dadant, permet d'obtenir un meilleur rendement que celui des ruches de paille.

Dessins L. Hamon in « Encyclopédie Faites tout vous-même » (Paris, CAL, 1975)

La disposition du rucher est variable suivant les disponibilités du terrain. Il faut prévoir un écart de 1 m entre chaque ruche, et un couloir de circulation à l'arrière pour les manipulations. Les ruches peuvent être distribuées en « ligne », en bordure d'un bosquet ou d'un verger, en « fer à cheval », ou en « quinconce ». Il faut éviter l'exposition au nord et à l'ouest, d'où viennent les pluies. L'exposition au sud convient, à condition que les ruches soient ombragées pendant les heures de plein ensoleillement. Un soleil trop cruel gêne la ruche. Les abeilles sont obligées de prendre le frais sur le plateau d'envol, on dit dans le métier qu'elles « font la barbe » et le travail n'avance pas.
Eviter de placer les ruches dans une cuvette encaissée. Les ruches doivent être isolées du sol par des traverses ou des parpaings, en ménageant un courant d'air en dessous.

La connaissance de la vision des couleurs chez l'abeille a permis de déterminer les colorations les plus favorables à donner aux ruches pour que les abeilles ne se fourvoient pas. Il semble que noir, blanc, jaune et bleu soient les couleurs les plus attirantes : la disposition des ruches ainsi peintes ne doit pas être indifférente, mais être établie dans un ordre bien précis◇.

◇ *Se renseigner auprès d'apiculteurs spécialisés.*

LE MATERIEL D'ELEVAGE

Il relève essentiellement du domaine du professionnel désireux de faire lui-même l'élevage des reines (petites ruches d'élevage et de fécondation).

LE MATERIEL D'EXPLOITATION

Abreuvoir à abeilles : le plus simple peut être réalisé avec une assiette plate remplie d'un peu d'eau garnie de paille pour éviter les noyades. Les abeilles ont besoin d'eau, au printemps en particulier. Elles la préfèrent tiède et salée ; curieusement, elles ne recherchent pas que les eaux claires et pures.

Attrape-essaims : sorte de panier à couvercle, monté sur une tige flexible et que l'on place juste sous l'essaim.

Brosse à abeilles : sert à balayer les travailleuses à la surface des cadres, pour manipulation ou récolte.

Chasse-abeilles : sorte de trappe qui permet de vider une hausse de ses abeilles afin de faciliter la récolte.

Enfumoir : Récipient cylindrique à couvercle conique

MATERIEL D'EXPLOITATION

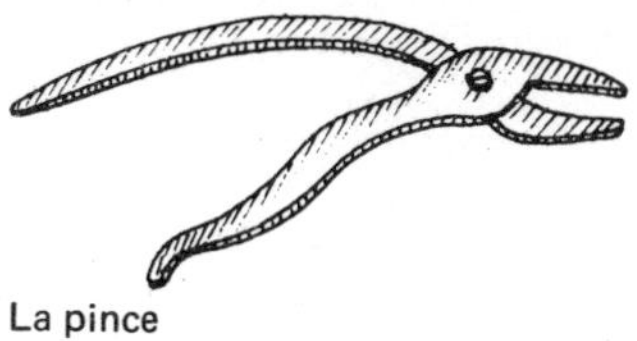

La pince

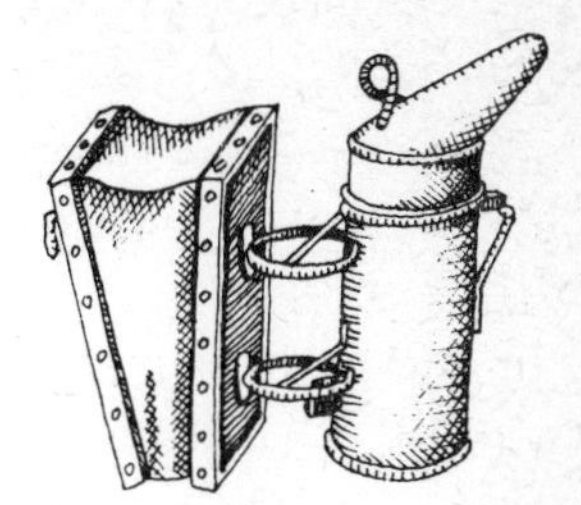

L'enfumoir

La brosse

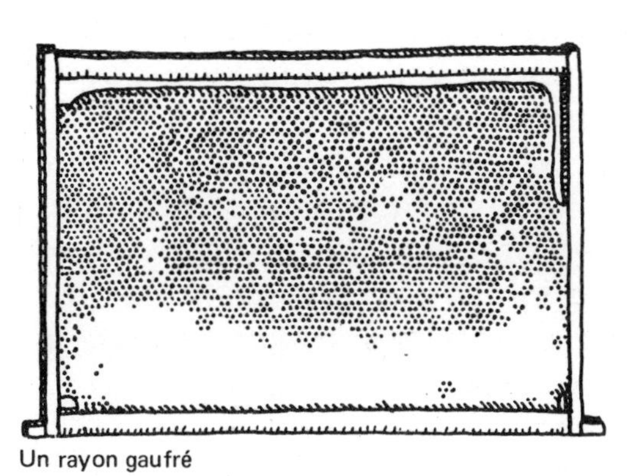

Un rayon gaufré

Le voile

Dessins L. Hamon in « Encyclopédie Faites tout vous-même » (Paris, CAL, 1975)

dans lequel on introduit des chiffons de coton en combustion ; un soufflet permet de faire sortir la fumée. Celle-ci a un effet calmant sur les abeilles. Ce matériel est indispensable pour la récolte et les manipulations dans la ruche.

Gants : en toile épaisse, ils sont indispensables pour les néophytes mais, paraît-il, gênants pour les habitués du rucher.

Lève-cadre : levier permettant de soulever les hausses, de décoller les cadres et de gratter la propolis (voir p. 25) à la partie supérieure des cadres.

Nourrisseurs : boîtes de plus ou moins grande capacité ; elles serviront à nourrir les abeilles pendant l'hiver en cas de sécheresse ou en cas d'affaiblissement de la ruche, etc. Ce nourrissement peut se faire à base de sirop de miel ou de sucre.

Voile : indispensable pour les manipulations ; en tulle ou en toile métallique fermé par des élastiques, il se place sur un chapeau à bords pour qu'il ne colle pas au visage◇. Le voile doit être glissé à l'intérieur de la chemise ou de la combinaison.

◇ *Les vieux canotiers de paille font parfaitement l'affaire.*

L'équipement doit être complété par des bottes qui emprisonnent le bas du pantalon. En effet, une abeille prise au piège d'un vêtement pique inévitablement.

A savoir : on trouve actuellement des équipements à cagoule assez semblables à des costumes de cosmonautes et qui sont parfaitement efficaces.

LE MATERIEL D'EXTRACTION

Cuve à désoperculer : sorte de caisse en bois garnie à 10 cm du fond d'une grille métallique pour retenir les particules de cire ; un robinet permet de recueillir le miel qui s'écoule pendant le travail.

Couteau à désoperculer : lame large et tranchante de 30 cm de long ; trempée dans l'eau chaude, elle permet de « désoperculer », c'est-à-dire d'enlever la couche de cire qui ferme les cellules.
Il existe également des couteaux électriques chauffants (d'un maniement plus facile) et des machines à désoperculer.

Chevalet : sorte de petite échelle double sur laquelle on place les cadres pour faciliter la désoperculation. Les cadres sont ensuite placés dans un « couloir », sorte de caisse assez semblable à une hausse où les cadres accrochés attendent leur passage à l'extracteur.

Extracteur : grand cylindre tripode (fixé au sol si possible) mû par la force centrifuge (uniquement mécanique). Les cadres placés dans une sorte de cage, à la verticale, sont débarrassés du miel par projection. Le miel coule dans le fond de l'appareil. Un robinet

MATERIEL D'EXTRACTION

Le couteau à désoperculer

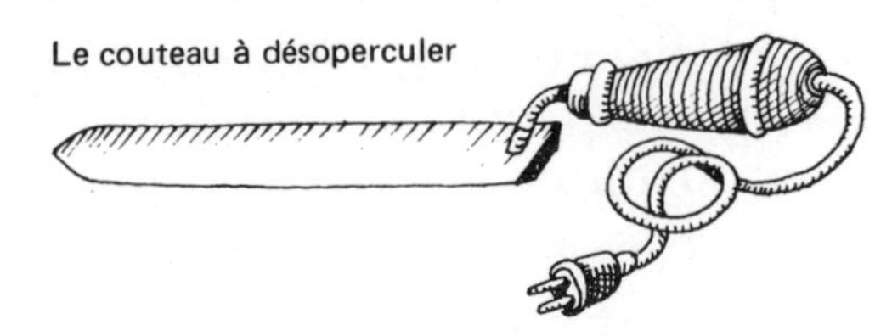

L'extracteur

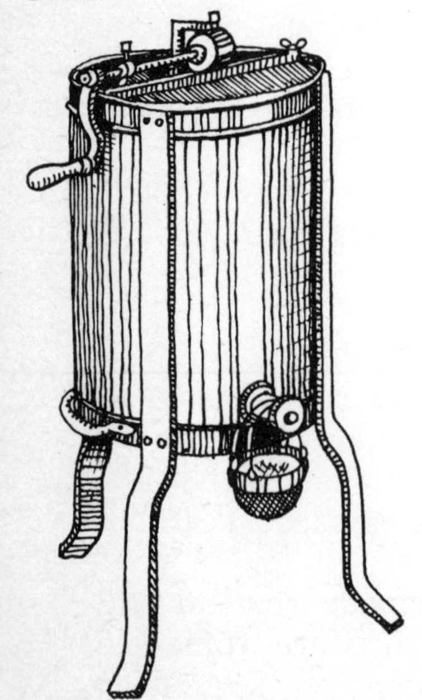

L'intérieur de l'extracteur

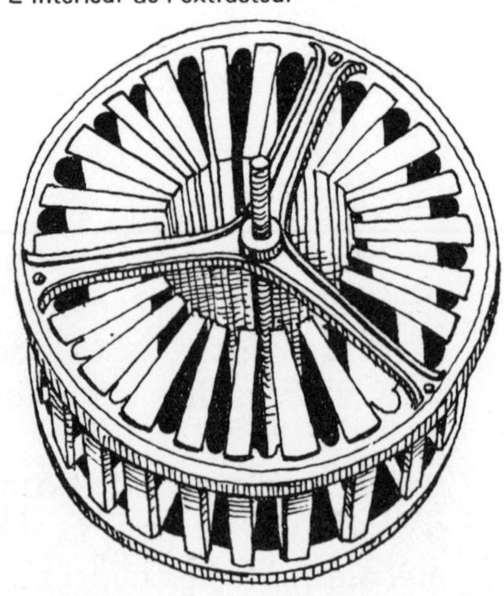

Dessin L. Hamon in « Encyclopédie Faites tout vous-même » (Paris, CAL, 1975).

placé au-dessus d'un tamis permet de le recueillir ; les cadres sont ensuite donnés à nettoyer aux abeilles.

Epurateur à cire : les cires vieillies peuvent être récupérées et purifiées. L'apiculteur amateur n'aura pas intérêt à préparer lui-même les plaques de cire gaufrées qui serviront de bâtis pour des rayons neufs ; on les trouve tout préparés chez les professionnels.

Pots : en grès, en verre, en carton paraffiné ou en matière plastique transparente, ils serviront à recueillir le miel à la sortie de l'extracteur.

LES ABEILLES

Pour commencer une petite exploitation, vous pouvez acheter une ruche peuplée : l'essaim se vend au poids avec sa jeune reine d'un an, 200 F environ. N'oubliez pas l'assurance (voir les adresses, p. 174).
Les abeilles existant à l'état sauvage, il vous est toujours loisible de capturer un essaim de ce type, sauf toutefois en forêt domaniale.
La ruche « domestique » essaimant périodiquement, vous pouvez trouver un essaim dans votre jardin. Si c'est un essaim « primaire » (voir encadré, page 166), la ruche mère n'est probablement pas loin, de même que son propriétaire. Il est évident qu'un essaim « suivi » ne peut devenir votre propriété, sauf si le propriétaire s'en désintéresse. Le droit ici se réfère plus aux relations de bon voisinage qu'aux lois.

L'essaimage

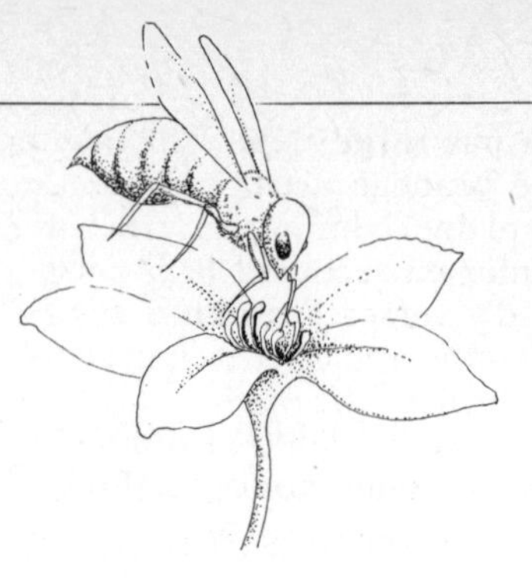

Au moment de la grande miellée, la ruche se trouve à l'étroit. La reine, toujours affairée, manque de place pour continuer de pondre. Poussée par ses trop nombreux sujets, la vieille reine se prépare à quitter la maison trop pleine, entraînant vers d'autres cieux la moitié de son peuple et laissant le gouvernement à une nouvelle reine, future mère des générations à venir.

Le dimanche des abeilles
« Ce jour-là, dit Maeterlinck dans son admirable *Vie des abeilles,* ces » insectes, qui ne font jamais un mouvement imprécis ou inutile », vont, viennent, « sortent, rentrent, remontent pour exciter leurs sœurs, voir » si la reine est prête, étourdir leur attente »... C'est la fête du miel. « C'est le seul jour de joie, d'oubli et de folie, c'est l'unique dimanche » des abeilles [...]. C'est le seul jour, semble-t-il, où elles mangent à » leur faim et connaissent pleinement la douceur du trésor qu'elles » amassent. » Elles se gorgent en effet de miel, nourriture pour le voyage. Mais aussi de propolis (voir p. 25), matériau de construction pour la nouvelle ruche. Cette reine, « en tutelle » depuis de longs mois d'infatigables enfantements, semble affolée ; quittant les berceaux, son seul horizon, elle s'agite, « éperdue, haletante ». Comme à un signal perçu par toutes, c'est le jaillissement de l'essaim dans un bourdonnement amoureux (le chant de l'essain est en effet très caractéristique). Comme ivres de cet exode général vers la lumière, les abeilles, devenues pour quelque temps douces et dociles, vibrent d'un chant d'allégresse.

Comment recueillir l'essaim
Cet essaim dit « primaire » s'abat près de la ruche à la suite de la reine — lourde de ses œufs et qui supporte mal l'ivresse de la lumière qu'elle

n'a pas revue depuis le vol nuptial (voir p. 35). Dès qu'elle se pose sur une branche d'arbre en général, la grappe se forme, devenue compacte et pleine comme un fruit mûr. Il n'est plus qu'à la cueillir dans un panier en secouant la branche. Si l'apiculteur a préparé la ruche, il suffit d'y verser l'essaim.
Certains apiculteurs versent l'essaim sur un drap blanc placé à l'entrée de la nouvelle ruche. La reine, se fiant à son instinct, prend la tête et organise, en lente remontée, l'entrée triomphale de ce petit peuple dans son nouveau domaine. Si l'essaim n'est pas capturé, il élira domicile dans un tronc d'arbre, une cheminée et y bâtira un nouveau palais d'or.

Les essaims secondaires
Il arrive que 8 ou 10 jours plus tard, de la ruche surpeuplée sorte un nouvel essaim dit «secondaire»: à sa tête, une jeune reine, vierge encore, folâtre et baladeuse, qui entraînera souvent bien loin les légions apiennes. Un essaim tertiaire -- rare mais possible — peut suivre le second, ayant à sa tête une autre princesse promue reine à son tour.
Un essaim, pour être rentable, doit peser environ 2,500 kg. C'est le cas de l'essaim primaire, le seul qui soit réellement facile à capturer, car il se pose toujours très près de la ruche mère.
Il y a une technique d'apiculture pour empêcher la ruche d'essaimer trop vite et à plusieurs reprises ; des techniques aussi pour attirer l'essaim dans une nouvelle ruche, en frottant les parois de celle-ci de plantes aimées des abeilles — thym, citronnelle, menthe — dont le parfum attirera les éclaireuses parties en avant-garde de l'essaim à la recherche d'un nouveau logis.

LA RECOLTE

La récolte a son heure. Elle exige un ciel sans nuages, qui dépeuplera la ruche vers les champs. En bonne saison, on peut facilement faire deux récoltes.
L'une s'effectue entre mai et juillet suivant les régions, après la période de la « grande miellée ». L'autre, entre la fin août et la mi-septembre. Certaines régions privilégiées peuvent s'enrichir d'une troisième récolte.

LA GRANDE MIELLEE

C'est la période courte et incertaine qui coïncide avec la floraison des plantes mellifères dominantes de l'endroit. Suivant les régions, il s'agira d'arbres fruitiers, ou de sainfoin et de luzerne, de trèfle blanc, des fleurs des prairies. D'une manière générale, la première miellée — et la meilleure — est celle des fourrages de première coupe. La miellée des regains est moins abondante.
Si le temps est chaud, mais sans orage, le nectar perle facilement à l'embase des corolles. Si la pluie est froide ou le vent violent, les plantes sécrètent peu et la récolte est médiocre.
Vers l'époque prévue de la miellée, l'apiculteur doit surveiller ses colonies afin de poser à temps une hausse supplémentaire qui servira de « magasin ».
Il devra prendre soin également de dégager les alentours des ruches, couper les broussailles, les herbes hautes. Certains apiculteurs, pour faciliter l'atterrissage des butineuses, ajoutent une planchette sur la

table d'envol. Si la saison est très chaude, il pourra surélever très légèrement avec des cales le devant des ruches (1 cm environ).
La récolte a lieu quand les 3/4 environ des rayons sont operculés. L'enlèvement des hausses (en aucun cas il ne faut toucher au magasin du nid à couvain situé dans le corps de la ruche) doit se faire avant la fin de la miellée, quand il y a encore des fleurs et que les abeilles sont aux champs.
Certains apiculteurs posent sur le corps de la ruche, la veille de la récolte, un « chasse-abeilles » (voir page 160) qui laisse entrer les abeilles dans le corps de la ruche, mais empêche la montée dans les « étages ». On peut ainsi obtenir des hausses pratiquement sans abeilles, ce qui facilite le travail et permet d'enlever les hausses sans avoir à les vider.

LE PRELEVEMENT DU MIEL

La ruche découverte de son toit met à nu la hausse. Enfumer alors légèrement l'entrée et le dessus des cadres. Décoller la hausse◇ au lève-cadre. Toujours

◇ *Elle a été soigneusement colmatée par les abeilles qui veillent la nuit complète dans la cité close.*

avec le lève-cadre, enlever les rayons par les deux pointes plantées à la partie haute de l'armature. Avec une brosse légère et à gestes lents, dégager le rayon des dernières abeilles que la fumée n'avait pas écartées. Acheminer les rayons, placés dans une hausse de transport, vers le laboratoire.

LE TRAVAIL EN LABORATOIRE

Cette pièce (cellier, remise) réservée à l'extraction du miel doit être entièrement fermée. Les abeilles indésirables et véhiculées avec les rayons reprendront le chemin de la liberté, grâce à un chasse-abeilles placé sur une vitre à l'endroit le plus éclairé.
Les rayons placés sur le chevalet, au-dessus d'une cuve, seront désoperculés avec le couteau bien chaud dont le tranchant ouvrira les couloirs.

Les alvéoles encore garnis de couvain seront respectés. En aucun cas les larves ne doivent passer dans le miel (ce qui se produit dans le miel de presse pour les ruches de paille où les rayons sont entièrement broyés).
Les rayons seront placés dans le centrifugeur mécanique qui, sous l'action de la force centrifuge, projette hors des alvéoles le miel liquide.
Débarrassé de sa richesse, le rayon sera replacé dans les hausses. Un rayon bien garni peut donner jusqu'à 2 kg de miel.

Le miel est alors versé au-dessus d'un tamis qui éliminera les parcelles de cire. Le miel peut être filtré dans l'« épurateur » qui permet épuration et décantation plus complète. Cet épurateur permet également une maturation indispensable si les rayons ne sont pas tous operculés. Les abeilles ne scellent les cellules que lorsque le miel est « mûr », c'est-à-dire ne contient plus d'eau. Le miel qui n'est pas à maturation ne se conserve pas.

C'est avec une joie mélangée d'admiration que l'on remplit alors le premier pot du miel de la récolte. Il est encore tout embrumé de ce remue-ménage. A lui seul il symbolise le travail d'une multitude d'ouvrières. Les cadres vidés seront rendus aux abeilles le soir même, pour un ultime nettoyage.

BIBLIOGRAPHIE

Alphandery (R.)
« Un rucher naît »
(Montfavet, Librairie apicole, 1948).

Arnould (C.)
« Du miel en abondance »
(Paris, La Maison rustique, 1940).

Caillas (A.)
« Vivez vieux, restez jeunes grâce aux abeilles »
(Bois d'Arcy, 78, chez l'auteur, 2, rue St-Gilles, 1970);

« les Produits de la ruche »
(chez l'auteur, 1947);

« le Rucher de rapport »
(chez l'auteur, 1963);

« Trois Aliments miracles »
(chez l'auteur, 1957);

« Manuel pratique du producteur de gelée royale »
(Draguignan, Jacques Graucher, 1976);

« Gagnez vingt ans de vie grâce aux abeilles »
(Paris, Editions de la Pensée moderne, 1971).

Dextreit (R.)
« le Miel, le Pollen »
(Paris, Vivre en harmonie, 1963).

Donadieux (Y.)
« le Pollen, le Miel, la Gelée royale »
(3 fasc.)
(Paris, Maloine, 1976).

Jarvis (D.C.)
« Ces vieux remèdes qui guérissent »
(Paris, Laffont, 1973).

Hurpin (J.)
« la Cité merveilleuse »
(Uzès, Editions de la Capitelle, 1947).

Lapellegerie (H.)
« Trois Trésors de santé »
(Paris, Editions de la Pensée moderne, 1974).

Lautié (R.)
« Miels, cires, pollens »,
in revue *Vie et Action*
(juillet-août 1972)
62, avenue du Maréchal-Foch,
59700 Marcq-Lille.

Maeterlink (M.)
« la Vie des abeilles »
(Paris, le Livre de Poche, 1972).

Nigelle (E.)
« Pouvoirs merveilleux du pollen »
(Aubenas, Andrillon, 1977);

« Joie et santé par les fleurs et le miel »
(Soissons, la Diffusion Nouvelle du Livre, 1973);

« Pouvoirs merveilleux du pollen »
(Soissons, Andrillon, 1977).

Velu (H.)
« les Abeilles et l'Homme dans l'histoire »
(Aurillac, Gerbert éditeur).

Vincent (P.)
« l'Apiculture en dix leçons »
(Paris, Hachette, 1977).

Von Frisch (K.)
« Vie et mœurs des abeilles »
(Paris, Albin Michel, 1969).

ADRESSES UTILES

Cours pratiques d'apiculture ou renseignements les concernant:

Paris ou région parisienne

Syndicat national des apiculteurs français (U.N.A.F.),
38, boulevard Sébastopol, Paris 75004, tél. 887-47-15;

Rucher du jardin du Luxembourg
(Société centrale d'apiculture, 28, rue Serpente, 75006 Paris);

Ecole d'apiculture de Paris,
6, avenue de Stainville,
94220 Charenton (lisière du bois de Vincennes).

Province

Syndicat d'apiculture ou Maisons de l'agriculture : il en existe un par département;

Lycée agricole du Mans (72000): brevet professionnel agricole;

Centre de recherche agronomique,
84140 Montfavet.

Matériel à acheter
Manufrance et magasins spécialisés.
Voici en outre quelques adresses à titre indicatif:
Avignon:
J. Vernet, 1, rue Velonterie
84000;
Bordeaux:
M. Maysonnave, 15, rue Saint-James
33000;
Charenton:
M. Montarnal, 6, avenue de Stinville
94220;
Fay-aux-Loges:
M. Thomas, B.P. 2
45450;
Thonon-les-Bains:
M. Menthon, 36, rue du Commerce
74200.

Les produits du rucher dans votre région
Vente à domicile sur les marchés et par correspondance.

Ouest :
Famille Mary, Au bon miel d'Aujon,
49450 Saint-André-de-la-Marche.

Sud-Ouest :
Duchaine, Costebelle, 83400 Hyères.

Paris et région parisienne :
La maison du miel, 24, rue Vignon,
75001 Paris;
Montarnal, 6, avenue de Stinville,
94220 Charenton.

Centre :
Lapellegrie Henri, Ferme de Champegaud,
23000 Guéret;
Société civile apicole de Chezelles,
36000

Nord :
Risselin, Saint-Sulpice par Beauvais,
60000.
Jean Husson, Gezoncourt,
54380 Dieulouarg.

Assurances
L'Abeille de France, 11, rue Gaillon,
Paris 75002.
Prévenir en outre la mairie de la commune.

Cet ouvrage a été imprimé
sur les presses de l'Imprimerie
Danel-S.C.I.A.
59930 La Chapelle-d'Armentières

n° d'éditeur **154** n° d'imprimeur 20108